Meditaciones Guiadas de Autocuración

Meditación de Atención Plena, que Incluye Guiones para Aliviar la Ansiedad y el Estrés, Curación de Chakras, Meditación para Dormir Profundamente, Ataques de Pánico, Respiración y Más.

Por Academia de Meditación Total

"Meditaciones Guiadas de Autocuración: Meditación de Atención Plena, que Incluye Guiones para Aliviar la Ansiedad y el Estrés, Curación de Chakras, Meditación para Dormir Profundamente, Ataques de Pánico, Respiración y Más." Por "Academia de Meditación Total"

Meditaciones Guiadas de Autocuración es un conjunto de libros "Meditaciones Guiadas Para La Atención Plena y Autosanación
" y "Meditaciones Guiadas de Autosanación y Atención Plena".

¡Espero que lo disfrutes!

Tabla de contenido

Meditaciones Guiadas de Autocuración
Meditaciones Guiadas de Autocuración es un conjunto de libros
"Meditaciones Guiadas Para La Atención Plena y Autosanación
Meditaciones Guiadas Para La Atención Plena y Autosanación
Capítulo 1: Meditación de Plenitud Total

Respiración para Principiantes (10 minutos si se hace individualmente)

Capítulo 2: Meditación Curativa de Chacra

Meditación de Raíz de Chacra (Tiempo de Meditación aproximado 15 cuando se repita 2 veces)
Meditacion del Chacra Sacro (Tiempo de meditación aproximado 15 cuando se repita 2 veces)
Meditación de Plexo Solar (Tiempo de meditación aproximado 15 cuando se repita 3 veces)
Meditación del Chacra Corazón (Tiempo de meditación aproximado 15. Cuando se repite 2 veces)
Meditación del Chacra de Garganta (Tiempo de meditación aproximado 15. Cuando se repite 3 veces)
Meditación del Chacra del Tercer Ojo (Tiempo de meditación aproximado 15. Cuando se repite 2 veces)
Meditación del Chacra Corona (Tiempo de meditación aproximado 10. Cuando se repita 3 veces)

Meditaciones Guiadas de Autosanación y Atención Plena:
Meditación de Respiración

Meditación de Respiración Fácil para Mejorar la Atención Plena
Meditación del Diafragma para Trastornos de Pánico
Relajar el Cuerpo

Guión Dirigido de Relajación de Grupo Muscular
Relajación y Meditación de la Hipnosis Física

Conciencia de Apertura

Conciencia Respiratoria y Control de la Meditación
Meditación sobre el Estrés y la Conciencia en el Lugar de Trabajo

Respiración abdominal

Respiración abdominal para la oxigenación
Respiración abdominal para el control de impulsos
Meditación de la bondad para el autocuidado
Meditación de amor para la actualización

Meditación "Receso" de autocompasión

Perdon Guiada para la Autosanación

Meditación de compasión universal

Meditación Vipassana

Meditación de ansiedad

Guión general de autocuración para el alivio de la ansiedad sobre el terreno
Meditación guiada de ansiedad para cerebros activos

Meditaciones Guiadas Para La Atención Plena y Autosanación

¡Siga las indicaciones de meditación para principiantes para el alivio de estrés y ansiedad, un sueño más profundo, los ataques de pánico, la depresión, la relajación y más para una vida más feliz!

Por Academia de Meditación Total

Capítulo 1: Meditación de Plenitud Total

Respiración para Principiantes (10 minutos si se hace individualmente)

La Respiración Estimulante: El objetivo aquí es mejorar su estado de alerta y fuentes de energía internas.

- Comience primero inhalando y luego exhalando rápidamente a través de las fosas nasales. Recuerde mantener la boca completamente cerrada pero permanezca en un estado relajado. Asegúrese de que sus respiraciones sean exactamente iguales en su duración y cortas. Notará que este ejercicio en particular es bastante ruidoso.

- El objetivo es alrededor de 3 inhalaciones y exhalaciones cada segundo. Esto creará un movimiento muy agudo del diafragma, similar a un fuelle. Después de cada ciclo de respiración individual, puede comenzar a respirar normalmente durante un corto período de alrededor de 1 minuto.

- En su primer intento, absténgase de hacerlo durante más de 20 segundos. Sin embargo, puede aumentar su tiempo en 5 segundos hasta alcanzar un minuto completo. Después de un tiempo de realizar este ejercicio, es probable que sientas un impulso de energía similar a un gran entrenamiento.

El Ejercicio 4-7-8

Comience sentándose con la espalda completamente recta. Luego, coloque la punta de la lengua en el tejido que se encuentra justo detrás de la parte superior de los dientes frontales; manténgala aquí durante el ejercicio. Este ejercicio requerirá que exhales por la boca y alrededor de la lengua. Si el movimiento es demasiado incómodo, puedes fruncir los labios para mayor comodidad.

- Exhala por toda la boca, creando un ruido silbante.

- Luego, inhala en silencio después de cerrar la boca. Inhale por la nariz durante 4 segundos en total.

-Asegúrese de contener la respiración por un período de 7 segundos.

-Ahora, comience a exhalar con un silbido por la boca durante 8 segundos.

-Esto cuenta como un ciclo de respiración. Ahora, debe inhalar una vez más y reiniciar el ciclo original. Haga esto 3 veces para un total de 4 respiraciones.
Teniendo en cuenta que esta respiración profunda requiere que inhales

continuamente por la nariz y exhales por la boca. Asegúrese de mantener la lengua en la misma posición en todo momento durante el ejercicio. Además, notará que exhalar durará casi el doble de tiempo que la inhalación. Sin embargo, la cantidad total de tiempo que se usa durante cada sesión no es de importancia, siempre que recuerde las proporciones 4-7-8.

Ejercicio de Respiración Tres:

Respirar contando

Realice este ejercicio meditativo durante 10-15 minutos por sesión. Es preferible este momento porque le permite obtener los mejores beneficios que la meditación de atención plena puede ofrecer. Sin embargo, si tiene poco tiempo, encontrará que incluso unos pocos minutos también le traerán muchos beneficios.

-Siéntese en una cómoda posición con la espalda completamente recta y la cabeza inclinada hacia adelante.

- Comienza por cerrar los ojos e inhala lenta y profundamente.

- Luego, exhale lentamente sin realizar mucho esfuerzo. Desea que este ritmo sea lento y silencioso, pero está bien si varía para usted.

- Reconozca los pensamientos entrantes, incluso si son abundantes. Suéltelos y vuelva a respirar tan pronto como reconozca que se ha distraído.

- Comience a realizar una exploración completa de su cuerpo desde la parte superior de la cabeza hasta los pies.

- Observe cada sensación fuerte o sutil en

todas las áreas que escanea.

-A medida que avanza por su cuerpo y comienza a notar sensaciones, reconózcalas y suéltelas. El objetivo es sólo aumentar la conciencia de estas sensaciones, en lugar de tratar de cambiarlas.

-Ahora, cuente "uno" cuando exhale. Recuerde soltar la respiración muy lentamente y a un ritmo medido.

- Luego, cuente "dos"... continua sucesivamente hasta un recuento de cinco totales.
- Una vez que haya contado hasta cinco, reinicie el ciclo contando "uno" para la próxima exhalación.

-Asegúrate de no contar más de 5 una vez que exhales. Si su conteo superó los 5, esta es una clara indicación de que no está atento y su atención se ha cuestionado.

En este próximo módulo para la meditación de atención plena, abordaremos el manejo del dolor. Te guiaré junto con una sesión diseñada para que te concentres en la aceptación y la observación. De esta manera, podrá transformar todo su dolor y luego enfocar su mente durante el ejercicio de meditación para instalar calma mental, física y alivio del dolor.

- Entonces, comience por encontrar y acomodarse en una posición cómoda, asegurando que su espalda tenga suficiente apoyo. Mientras esta acostado boca arriba, o si está sentado en una silla con suficiente apoyo para su cabeza, puede comenzar esta sesión.

- A medida que te acomodes, observa cómo se sienten su cuerpo y su mente en este momento único. Recuerde, no necesita intentar cambiar nada en este momento.

Simplemente conviértase en un observador paciente, tranquilo, distante de su estado físico y mental. El manejo del dolor comienza con una observación simple y tranquila.

- Ahora, observe donde se transporta parte de su dolor y tensión ¿Dónde está el dolor en su cuerpo? ¿Qué partes de su cuerpo están tranquilas y cómodas?

- Empiece a realizar un escaneo completo de su cuerpo desde la parte superior de su cabeza hasta sus pies.

-Preste atención a cualquier sensación fuerte o sutil en todas las áreas que escanea.
- A medida que avanza por su cuerpo y comience a notar sensaciones, reconózcalas y suéltelas. El objetivo es sólo aumentar la conciencia de estas sensaciones, en lugar de tratar de cambiarlas.
- Tome otra inhalación profunda... luego libere la respiración con una exhalación

tranquila y lenta.

-Respire de nuevo... ahora suelte.

-Siga respirando... lentamente... calmadamente.

- Ahora realice otro escaneo a su cuerpo:

Siente las plantas de sus pies en el suelo

Siente el aire frío inhalado por la nariz

Preste atención a cualquier sensación corporal única que este sintiendo

Cuando este distraído o perdido en sus pensamientos, trae su atención de vuelta a su aliento.

Observe el ascenso y la caída de su pecho mientras inhala y exhala

Siente y note donde se siente el movimiento de su respiración en su cuerpo

Note la afluencia de pensamientos y luego regrese a una sensación corporal o al aliento

Observe donde su cuerpo esta incómodo o no se siente bien

Observe si sus respiraciones son superficiales o profundas sin cambiarlas

Sienta el aire frío moviéndose a través de sus fosas nasales y llenando su pecho haciendo que se expanda.

Suelta cualquier dolor que sientas moverse a lo largo de su cuerpo. No juzgue su dolor o sus sensaciones, ya sean positivas o negativas, sólo mantente en paz y pasivo, acéptalas.

Relajación de Ira

-Comience por encontrar y acomodarse en una buena posición para asegurarse de que su espalda tenga suficiente apoyo. Mientras esta acostado boca arriba o si está sentado en una silla con suficiente apoyo para su

cabeza, puede comenzar esta sesión.
- ¿Dónde se mantiene la tensión en su cuerpo?
- ¿Dónde, si en alguna parte, se encuentra su dolor en su cuerpo?
- ¿Alguna parte de su cuerpo está totalmente relajada?
- Ahora, realice un escaneo de todo el cuerpo desde la parte superior de la cabeza hasta los pies.
- Inhala... y exhala.
- Concéntrese en su respiración, llevando su ritmo a un flujo suave dentro y fuera de su boca sin prisa.
- Ahora, continúe con el manejo de su dolor a través de la respiración relajada. No hay necesidad de forzar que ocurra nada; sólo note como se siente su cuerpo, sin juicio ni negatividad. Si comienza a tener pensamientos y sentimientos negativos, vuelva a concentrarse en su respiración. Sólo observa pasivamente.
- Sigue observando el estado de

incomodidad y sin dolor de juicio. Su cuerpo cambia constantemente, se siente de una manera en un momento y de otro en el siguiente.

- Este momento al momento de cambio es constante. Simplemente observe cada momento a medida que llega y pasa muy pacíficamente.

-Si bien todo nuestro dolor no es deseable y difícil de manejar, trate de concentrarse en su dolor con un aura de aceptación y paz. Libre de juicio y dolor.

Acepte y esté en paz con cómo se siente emocional y físicamente. La resistencia es la causa del sufrimiento y la incomodidad.

-Aceptar y observar son claves para ir más allá de su dolor y enojo, y permite entrar en paz y aceptación.

-Concéntrese en simplemente permitir que su cuerpo, mente y espíritu simplemente... sean. Quédese quieto y con total tranquilidad, ya sea que se sienta positiva o

negativamente.
- Repite. Yo me acepto totalmente. Amo quien soy.
- Acepto completamente el dolor que siento.
- Libero por completo la necesidad que tengo de controlar como me siento y juzgar por cómo me siento.
- Acepto todos los aspectos de quien soy con amor y paz... libre de dolor y juicio.
- Cuando te distraigas, vuelve a concentrarte en la respiración.

Cuando te sientas listo, dirige toda su atención a los sonidos de su entorno... lentamente; cuando estés listo... abre los ojos. Refrescado y despierto, usted es libre de moverse a través de su día a gusto y en paz.

Relajación de duelo

Relájate en una posición cómoda. Puedes sentarte o en el suelo. Lo que sea mejor para usted en este momento. Solo sé... de que sus pensamientos por urgentes y furiosos que entren en su mente, simplemente pasen por su mente con calma y aceptación.

Concéntrese en su respiración, trayendo el aire profundo y fresco que llena sus pulmones. Ahora, exhala lenta y pacíficamente. Haz esto 3 veces más; cada vez, concentra todo su enfoque en su respiración con calma y facilidad. Sumérgete por completo en este momento presente de calma y bienestar.

Ahora, comience a observar sus pensamientos actuales. Note cualquier pensamiento particular sobre su dolor y pena. ¿Hay pensamiento de pérdida? ¿Sientes que quieres cambiar estos pensamientos? Lucha contra la tentación de cambiar estos pensamientos. Simplemente les permite fluir en su mente, y simplemente etiquetarlos como "pena" o "pérdida" o "dolor".

Tenga en cuenta que cuando simplemente etiqueta estos pensamientos, hay una distancia repentina que ha creado a partir de ellos. De hecho, estos no son quien realmente eres. Son solo pensamientos efímeros.

Después de etiquetar estos pensamientos, vuelva a llamar su atención a la respiración. Inhala y exhala con calma y tranquilidad. Note la frescura del aire que ingresa a sus fosas nasales y sale de su boca.

Ahora, concéntrate en las áreas de incomodidad de su cuerpo. Imagina una sensación alterada; esto puede ser cualquier sensación o sentimiento que elija experimentar. También es posible que desee sentir un agradable hormigueo en la pierna o el antebrazo. Esto le dará un control adicional sobre sus sensaciones físicas, incluso si es solo por un momento fugaz.

Ahora, siente esta sensación en su totalidad. Sienta que reemplaza sus sentimientos y pensamientos de haber perdido a alguien o algo. Permita que esta sensación reemplace su dolor y pena. Cada vez más, un poco a la vez, permite que su pena desaparezca.
Esta sensación te permitirá relajarte y soltar su dolor. Esta distancia es saludable y pacífica para ti. Ahora, inhala profundamente... ahora exhala. Dentro y fuera... una vez más... dentro y fuera. El aire fresco es una sensación calmante para su cuerpo, mente y espíritu.

Abraza la energía de aceptar pasivamente sus pensamientos. Simplemente permítete abrazar completamente como te sientes y cualquier estado emocional, mental y físico en el que te encuentres en este momento presente.

Respira con calma y lentamente; inhalando y exhalando. Permítete ser un observador de cada respiración y deja que su respiración sea profunda y pacífica. Abraza la calma y la integridad con todas y cada una de sus respiraciones.

Se consciente de todo lo que sus sentidos perciben en el momento presente en el tiempo. Concéntrese en un pensamiento a la vez y etiquételos.

Note cada sonido que llegue a sus oídos. Sienta como su ropa se siente nuevamente en su cuerpo. Simplemente observe sin sentir que tiene que cambiar algo.

Note cada sonido que llega a sus oídos. Sienta como su ropa se siente nuevamente en su cuerpo. Simplemente observe sin sentir que tiene que cambiar algo.

Ahora, para cerrar, escanea su cuerpo desde

la parte superior de la cabeza hasta la planta de los pies. Permita que todas sus sensaciones físicas en el camino se abracen completamente sin juicio o la necesidad de cambiarlas. Muévete pacíficamente a lo largo de tu cuerpo.
Cuando haya alcanzado sus pies, dirige su atención a su respiración por última vez. Inhale y exhale lenta y pacíficamente cuando esté listo...

Abra sus ojos.

Capítulo 2: Meditación Curativa de Chacra

Meditación de Raíz de Chacra (Tiempo de Meditación aproximado 15 cuando se repita 2 veces)

Oficialmente, el nombre del primer chacra es en realidad, Muladhara, y se deriva de dos palabras: Mula, que significa raíz, y Dhara, que significa apoyo. El papel principal de esta chacra en particular es conectar la totalidad de su energía con la de la tierra. Además, el papel central de esta energía es proporcionarle todo lo que necesita para sobrevivir y vivir una vida fructífera aquí en la tierra. En la sociedad actual y el período de tiempo actual, esta idea tiende a manifestarse como una seguridad tanto emocional como financiera.

Ahora...

Ponte cómodo. Si su cuerpo esta acostado en el piso, permita que todo su cuerpo se relaje y se sienta cómodo por completo. Si está sentado, permita que sus manos se relajen sobre sus muslos o simplemente descanse sobre nuestro costado. Cualquiera de las posturas está bien.

Ahora, cierra los ojos. Esta vez está perfectamente diseñada para ti. Deja ir todas sus ansiedades. Deja que su espíritu fluya maravillosamente en el momento presente. Este momento actual es todo lo que existe; no hay pasado, no hay futuro; ninguno existe sólo el momento presente está aquí y ahora.

Deja que sus hombros descansen y caigan. Deja que sus manos descansen por completo. Deje que su cuerpo, en su forma completa, se vuelva suave y se asiente naturalmente. Deja que tu rostro este completamente tranquilo, así como tus ojos y cabello. Afloje la mandíbula y permita que los músculos de su cuerpo se relajen por completo. Ablándate.

Respira hondo; esto limpiará su espíritu y te permitirá relajarte. Deja ir toda la tensión en su cuerpo. Deja que su respiración se estabilice con un movimiento natural de forma natural. Resiste la tentación de controlar su respiración. Solo sea un observador de su respiración, pensamientos y emociones. Inhala, exhala; observa el ritmo de la respiración. Solo observa.

Ahora, lleva la atención y la energía de su mente a la base de la columna vertebral. Visualice una pequeña luz roja, girando en un círculo, casi como un pequeño remolino. Solo observe y note como se siente y se ve.

Adquiera un sentido agudo de cómo está funcionando su respiración ¿A qué velocidad es la respiración? ¿Está acelerado o es más lento? Inhale y exhale toda la tensión dentro de su cuerpo y espíritu. Ahora respira la luz roja en su cuerpo. Siente este aire en el chacra base. Observe la luz roja que llena el chacra base y se extiende hacia afuera. Inhale mientras atrae la luz roja más cerca de usted. Siente el calor de esta luz roja. Inhale y exhale la tensión. Repita lentamente sin juzgar pero como observador.

La luz roja atrae consigo salud, fuerza y una fuerte sensación de seguridad. Cuando esta luz roja lo llene permita que se extienda a sus pies, sienta el empoderamiento que trae luz mientras se conecta completamente con la energía de la tierra. Siente la energía tranquila y relajante de la luz roja. Respira la energía fresca y calmante de la tierra. Inspira en su cuerpo la seguridad personal, la confianza en ti mismo y exhala el miedo en su espíritu. Recuerde que está completamente a salvo, seguro y en contacto con su espíritu.

Ahora es el momento de cerrar este chacra. Trae toda su atención a la pequeña luz roja que se encuentra en el chacra base. Visualice esta luz cada vez más pequeña, reduciéndola al tamaño total de un dedal. Ahora, comience el mantra, el chacra base está funcionando con completa normalidad".
"Mi espíritu ahora tiene un enfoque para mis necesidades terrenales que es equilibrado y tranquilo. Cada necesidad mía está totalmente atendida."

Trae toda su conciencia al flujo entrante y saliente de la respiración. Respira y exhala. Sienta la respiración fría cuando ingresa por las fosas nasales y fluye hacia la parte posterior de la garganta y hacia la expansión completa de los pulmones. Tenga en cuenta el movimiento natural del estómago a medida que se expande y contrae. Sienta su cuerpo descansando contra el piso. Sienta sus dedos, encoge los hombros. Cuando estés completamente listo, abre los ojos con calma.

Raiz (2)

Respira hondo y prolongando. Cuando exhales, ajusta su atención a su base espinal. Ahora, visualiza un chacra rojo que brilla intensamente. El calor y el brillo de éste chacra relaja su mente y corazón, permitiéndote sentir completamente la seguridad y la serenidad que este chacra trae.

Siéntete castigado y firme como si fueras una roca masiva que la tierra mantiene cálidamente. Visualízate parado tranquilamente en la base de una montaña nevada que se eleva hacia el cielo. Justo en frente de ti hay una abertura masiva que conduce a una cueva. Los rayos del sol entran de una manera atractiva cuando entras en la cueva.

Da un paso adelante y camina dentro de la cueva. Verás que la cueva está rodeada de paredes lisas y un techo que se extiende muy alto. Hay una brisa cálida, suave y gentil que te permite sentirte cómodo. Camine un poco más y esté atento a su entorno. Ahora notaras un camino que se ha abierto en una gran sala circular. Hay una gran roca rectangular sentada en el medio. Un pequeño y cálido rayo de sol se desliza a través de una pequeña fisura en el techo y baña la piedra con un resplandor de calor.

Camina hacia la roca y siéntate sobre ella. Siéntate con las piernas cruzadas, esto te resultará natural.

Ahora empiezas a sentir que eres un apéndice de la montaña, como si fueras parte de ella. Te sientes anclado muy profundamente conectado a la tierra. Estas seguro. Puedes ver que la tierra está nutriendo y apoyando cada aspecto de su ser.

Ahora puedes ver que tu primer chacra está girando y comienza a ganar fuerza. A medida que este chacra comienza a girar mucho más rápido, una luz roja se extiende sobre ti y entra en cada sensación en su cuerpo, e incluso en cada poro. Permita que la calma de su entorno lo vea en su cuerpo y espíritu, mejorando su paz y serenidad interior.

Respira hondo y permítete sentir la energía que se ha canalizado al fondo de su columna vertebral. Mantenga este sentimiento de alta energía durante un periodo prolongado, llenándose de buena energía y paz. Ahora, una vez que te sientas lleno de la gran energía de este estado, deja ir este sentimiento y enfoca su atención en su respiración, respira lentamente y exhala de la misma manera.

Relájese en este estado de conciencia. Esta conciencia te llevará hacia su mejor yo. Eres más fuerte, más tranquilo y sereno que nunca.

Ahora, levántate de manera gentil y sal de la habitación por el camino hacia el exterior de la cueva. Vuelve a mirar la montaña y siéntase conectado con ella, como si fuera uno con ella.

Una vez que estés listo, puedes abrir los ojos y levantarte.

Meditacion del Chacra Sacro (Tiempo de meditación aproximado 15 cuando se repita 2 veces)

Este segundo chacra se conoce como el chacra sacro o svadhishana se traduce directamente en "el lugar del ser". En particular, este chacra esta más preocupado por la identidad de uno como ser humano y como se debe tratar con él. Quizás el aspecto más beneficioso de este chacra es que proporciona energía creativa para maximizar el disfrute de la vida. Ponte en una posición cómoda. Si está acostado en el piso, permita que todo su cuerpo se relaje por completo y se sienta cómodo. Si está sentado en una silla, coloque las manos sobre los muslos o al costado del cuerpo.

Ahora cierra los ojos. Esta vez sí se establece de manera única para ti. Deja todas tus preocupaciones. Déjalas ir.

Tenga consciencia de todos los sonidos que lo rodean; sólo permítales estar presentes sin juicio o interacción.

Tenga en cuenta la sombra y la luz que penetran sus parpados. Siente el aire suave y frío tocando suavemente la superficie de su cuerpo.

Siente el cielo masivo sobre ti, junto con los amplios horizontes que se extienden a su alrededor, siente la tierra debajo de sí, apoyando su peso y cuerpo.

Tome una respiración que lo limpie y luego exhale toda la tensión que se ha acumulado dentro de su cuerpo y mente. Deje que su respiración caiga naturalmente en un ritmo.

Cuando surjan sus pensamientos y comiencen a distraerlo, devuelva su atención suavemente a su respiración. Respira y exhala con consciencia.

Ahora, llama su atención hacia su abdomen. Visualice una hermosa luz naranja que se arremolina de manera similar a una pequeña piscina. Tenga en cuenta cómo se siente esto ¿Cómo se ve?, ¿cuál es la función de esta luz?, ¿hay una sensación de hormigueo? Observe suavemente los pensamientos en su mente, ¿Qué tan rápidos son? ¿Te está molestando? ¿Puedes visualizar el color naranja en su mente?

Trae su atención a su aliento ahora, respire tranquilo, exhale resistencia y tensión. Ahora respira dentro de ti la luz naranja del calor. Observe como esta luz se respira en el área de su abdomen, directamente en su chacra sacro. Permita que esta energía se extienda hacia su entorno, enviando amor y positividad.

Bienvenido a todos los tratos placenteros que trae la luz naranja. Respira alegría y exhala toda la tensión dentro de ti (Repite en ritmo).

Ahora, es hora de cerrar este chacra. Lleve toda su atención a su abdomen, a la luz naranja del chacra sacro. Observe que esta luz se hace más pequeña, hasta el tamaño pequeño de la luz de un hada. Trae esta luz a la función normal. Repita el mantra, "Mi chacra sacro ha comenzado a funcionar normalmente."

Atrae su atención al flujo suave y fresco de su respiración. Inhale y exhale en un ritmo repetido. Tenga en cuenta el aire frío que ingresa por las fosas nasales y baja por la garganta, llenando sus pulmones por completo. Permítase notar el movimiento natural y suave de su estómago cuando inhala y exhala. Descanse consciente mientras todo su cuerpo descansa contra el piso o en su silla. Lleve toda su atención a sus manos y muévalas lentamente. Siente la sensación física de este movimiento. Encoge sus hombros y déjalos caer lentamente si están tensos. Siente la temperatura de la habitación y escucha todos los sonidos que están cerca.

Cuando esté completamente listo, abra los ojos y levántese lentamente.

Chacra Sacro (2)

Ponte en una posición cómoda. Ya sea en el piso sentado suavemente en una silla. Sus manos en su regazo y los pues en el suelo.

Observe sus sensaciones físicas, seguido de descansar conscientemente de los sonidos a su alrededor y la temperatura en la habitación en la que se encuentra.

Ahora, invita al color naranja del sol poniente. Permítete ser abarcado por su Hara, con la luz naranja como fuente de empoderamiento, equilibrio y motivación. Alimenta a su Hara y repite el mantra: "Honraré todas mis sagradas necesidades personales". Por la presente, permitiré que mi espíritu se alimente por completo."

Cuando esté listo, ajuste su consciencia a la gentil y suave región debajo del esternón. Esta área es su plexo solar; este es el chacra del poder personal.

Ahora, comience a respirar y permita que su plexo solar se vuelva suave y expanda suavemente su respiración. Permita que una luz naranja lo cubra ahora, proporcionándole calidez y comodidad, sintiendo su poder personal y su confianza en sí mismo.

Respira la energía refrescante que viene con esta autoconfianza. Respira en su chacra sacro, la fuente de su poder personal. Siente esta energía fortalecida, observe sus pensamientos sin juicio, ¿tienen más poder? ¿Te sientes más fuerte mentalmente? Descanse consciente de estos pensamientos sin juzgarlos ni sentir la necesidad de cambiarlos de ninguna manera.

Respira y exhale, repite en ritmo y armonía el movimiento en su vientre. Siente la expansión de su cuerpo mientras inhalas y exhalas.

De la bienvenida a todos los sentimientos y pensamientos agradables sin juzgarlos, pero apreciándolos. Permítales energizarlo mientras continúa el ritmo de su respiración.

Deja que la luz naranja te cubra y te abarque ahora. Siente el calor de esta luz.

Descansa en esta conciencia a medida que continúas inhalando y exhalando, al ritmo de la calma y el tono de relajación notando su poder personal a través del Chacra de Sacro.

Siente las sensaciones físicas de su cuerpo ahora. Sus pies en el suelo, sus manos en su regazo. Cuando estés listo, abre los ojos y levántate.

Meditación de Plexo Solar (Tiempo de meditación aproximado 15 cuando se repita 3 veces)

Esta chacra se traduce directamente como "gema brillante". Curiosamente, este es el chacra a partir del cual se genera la autoconfianza, confianza y poder personal. Si ha sido una circunstancia que no era adecuada para usted o, por el contrario, una situación en la que tenía la intuición de que las cosas iban a funcionar, entonces ha aprovechado el Chacra Plexo Solar, en el trabajo. Puede sentir esta confianza en la forma física dentro de su cuerpo, o "intestino."

Siéntate en el borde de un cojín o una manta suave. Forme un puño con la mano derecha y haga una taza con la mano izquierda.

Ahora, extiende el pulgar de su mano derecha hacia arriba. Coloque el puño derecho dentro de su palma izquierda abierta, dibuje cada una de sus manos justo en frente de su plexo solar; esto se encuentra justo en el codo del esternón y justo encima de la cavidad del ombligo. Ahora, cierra los ojos y conéctate de manera sincronizada con el aliento y la caída de su respiración.

Imagina que una llama ha reemplazado su pulgar derecho. Esta llama parpadea en el centro de todo su ser. Con cada inhalación que inicies, observa como esta llama amarilla se hace más grande y brillante. Visualice y sienta calor que se extiende desde esta región de su cuerpo y lo llena primero desde adentro y desde afuera. Luego, imagine que ha agarrado un pequeño grupo de palos. En cada barra, escribirás una frase o sólo una palabra que represente algo en su vida que ya no te sea útil. Esto puede ser algo que está en medio de soltar y eliminar de su vida.

Tenga en cuenta que hay ciertas cosas en nuestra vida que debemos dejar de lado hasta que estemos completamente libres de ellas, posiblemente incluso miles de veces. Perdónate durante este proceso, seguir adelante es una de las actividades más difíciles de realizar.

Ponte de pie, con cada uno de sus pies un poco más ancho que la distancia de sus caderas. Alcanza ambos brazos sobre su cabeza, entrelaza sus dedos y luego extiende cada uno de sus dedos punteros. Cuando inhales aire fresco en sus pulmones, levanta la mano y exhala. Libera toda su tensión de su espíritu. Haga esto diez veces, luego haga una pausa con la mano ayudando en una posición de oración junto a su corazón, sienta la sensación de refrigerio dentro de usted.

Te has conectado a su tercer chacra: su poder personal se ha enriquecido. Repita este proceso varias veces para aumentar su confianza y asegurarse de pasar completamente lo que sea que lo detenga.

Tú eres capaz de cambiar, tienes el poder.

Plexo solar (2)

Ponte en una posición cómoda. Si está colocando el piso, permita que todo su cuerpo se relaje por completo y tome conciencia. Deje todas sus preocupaciones y pensamientos negativos en la puerta; este momento está diseñado exclusivamente para usted y su poder personal.

Reconozca cualquier sonido que exista dentro y fuera de la habitación. Descanse consciente de la temperatura de la habitación sin juzgar. Deja ir todos estos pensamientos y emociones.

Ahora, traiga toda su atención suave a su región del plexo solar. Visualice una hermosa luz amarilla, esta luz es su forma pura, su poder personal y confianza.

¿Qué tan grande es esta luz?, ¿puedes sentir su energía?, ¿O es solo energía suave? Ahora permita que esta luz pase por todo su cuerpo y le brinde calidez con comodidad. (Repita estas preguntas en su mente sin juzgar).

Sienta como su cuerpo se relaja y abraza sentimientos de comodidad y calma. Su espíritu se está fortaleciendo desde adentro al soltar el pasado y abrazar el nuevo poder desatado dentro de usted. Su tercer chacra de autoconfianza y poder personal está siendo infundido con su espíritu.

Traiga su atención a sus sensaciones físicas ahora. Comienza a sentir sus pies en el suelo y las manos en su regazo. Cuando estés listo, abre los ojos y levántate.

Meditación del Chacra Corazón (Tiempo de meditación aproximado 15. Cuando se repite 2 veces)

Este chacra se traduce directamente en "ileso". Este chacra en particular es donde el amor, la bondad y la compasión hacia uno mismo y hacia los demás se encuentran y se potencian. Este chacra es bastante fácil de entender porque tiene que ver con el amor por los demás en nuestros corazones, por nosotros y por nuestras circunstancias. De esta manera, este chacra se asocia con la curación del dolor y la salud.

Ponte en una posición cómoda. Si está acostado en el piso, permita que todo su cuerpo se relaje y se sienta completamente cómodo. Si está sentado en una silla, coloque las manos sobre los muslos o al costado del cuerpo.

Ahora cierra los ojos. Esta vez sí se establece de manera única para usted. Deja todas tus preocupaciones. Déjalas ir.

Tenga consciencia de todos los sonidos que lo rodean; sólo permítales estar presentes sin juicio o interacción.

Tenga en cuenta la sombra y la luz que penetran sus parpados. Siente el aire suave y frío tocando suavemente la superficie de su cuerpo.

Siente el cielo masivo sobre ti, junto con los amplios horizontes que se extiende a su alrededor, siente la tierra debajo de ti, apoyando su peso y cuerpo.

Tome una respiración que lo limpie y luego exhale toda la tensión que se ha acumulado dentro de su cuerpo y mente. Deje que su respiración caiga naturalmente a un ritmo. Cuando surjan pensamientos, reconócelos y déjalos ir. No eres una víctima de tus pensamientos. Eres un observador fuerte y sin prejuicios. Respira y exhala (Repite con ritmo).

Dirija su atención a la región de su pecho. Visualice una hermosa luz verde en esta área, girando en forma circular. ¿Cómo funciona esta luz?, ¿es brillante?, ¿hay un hormigueo asociado con esta luz? ¿qué piensas en este momento? Respira esta luz verde hasta tus manos y brazos. Respire esto en su pelvis, dedos de los pies y piernas. Respira esta luz en su pecho, cabeza, llena el cuerpo y conecta con cada otro chacra dentro de su espíritu.

Ahora vuelve a enfocarte en el área de tu pecho, hacia el chacra de luz verde que circunda, observa un pequeño capullo de rosa en el centro. Este capullo se desenrolla lentamente, una vez pétalo a la vez, y se abre en una maravillosa flor rosa que está rodeada por una luz verde brillante con un centro dorado.

Recuerde que está seguro una vez que abra por completo el centro de su corazón para poder recibir y dar amor a los demás. Una vez que respire esta luz hacia adentro, acompañará el amor y la apertura de su corazón. Cuando exhalas, la luz verde disminuirá todo miedo dentro de ti. Permítete sentir el hermoso resplandor verde mientras gira y te rodea.

Respirando esta luz verde y exhalando tensión. Este es tu enfoque. Repítete a ti mismo que eres amado y que eres digno de amor. Inhala exhala.

Ahora es el momento de cerrar este chacra. Lleva toda su atención a su pecho, directamente a la luz verde que es el chacra del corazón. Vea la luz verde girando disminuyendo de tamaño. Reduzca el tamaño de esta luz a una más pequeña. Reduzca esta luz a la función normal. Repita el mantra, "mi chacra del corazón está funcionando normalmente."

Ahora, devuélvale consciencia al flujo constante de su respiración. Respira y exhala.

Cuando sientas que estás listo, abre los ojos.

Corazón (2)

Encuentre una posición sentada cómoda. Sienta la suave conexión de su cuerpo con la tierra. Arraigado a la tierra de esta manera, deja que tu columna se desplace hacia el cielo, extendiéndose hasta la parte superior de su cabeza. Cuando inhales, deja que tus hombros caigan de tus orejas de manera suave, deja que descansen suavemente sobre tu espalda. Siente como se ensanchan las clavículas y tu corazón se abre.

Ahora, comienza a observar el flujo sutil de la vida que respira a través de todo su cuerpo. Ahora te has convertido en un observador de todas las formas en que su cuerpo se mueve, te llenas de la fuerza de la vida.

Ahora comenzaremos un ejercicio de respiración que limpiara su sistema nervioso y el orgullo equilibrará todos los sistemas de su cuerpo. Comience haciendo un "signo de paz" con los dedos y coloque cada una de las yemas de los dedos en el centro del tercer ojo. Luego, use su pulgar para cerrar su fosa nasal derecha y luego respire profundamente a través de la fosa nasal izquierda. En la parte superior de la respiración, haga una pausa y luego cierre la fosa nasal izquierda y exhale por la derecha. Permita que la inhalación y la exhalación en ambos lados tengan exactamente el mismo ritmo. Use el mantra "Yo soy" al inhalar y "Amor" al exhalar.

Ahora, permítete pensar en un momento en que recibiste amor incondicionalmente de otra persona o cuando se lo diste a otra persona. Comienza a fomentar estos sentimientos que sentiste cuando te dieron este amor. Cualquier emoción que se manifieste, siéntela y expresa gratitud por ella.

Permita que estos sentimientos fluyan hacia su corazón. Ahora, visualice el centro del espacio de su corazón y una brillante luz verde radiante.

A medida que esta luz gira intensamente, siente que el Corazón se limpia de dudas, envidia y dolor hacia ti mismo o hacia los demás. Libérate y límpiate de todo lo que ya no te sirve. Continúa respirando en un ritmo armonioso. Invite a estas emociones nativas a ser liberadas y acepte sentimientos de paz, alegría y pasión en todas y cada una de sus células.

Visualice las raíces de estas emociones positivas que fluyen a la raíz de su columna vertebral y al centro de la tierra.

Comienza a parpadear suavemente mientras te permites sentir las sensaciones físicas de tus pies en el piso y las manos en tu regazo.

Ahora, abre sus ojos y levántate.

Meditación del Chacra de Garganta (Tiempo de meditación aproximado 15. Cuando se repite 3 veces)

Este chacra se traduce como "muy puro". En particular, el chacra de la garganta proporciona una voz a las verdades personalizadas. ¿De dónde proviene la voz? ¿De dónde emana esta energía? Físicamente, la respuesta es claramente la garganta. Sin embargo, en lo que respecta a su energía, esta energía proviene del quinto chacra. De hecho, este chacra te permite expresar tu propia verdad de manera clara.

Ponte en una posición cómoda. Puede estar sentado o acostado en el piso, mientras deja que todo su cuerpo caiga en un estado de relajación.

Ahora, cierra los ojos. Respire hondo y observe suavemente el ritmo natural de su respiración. Respira y exhala. Permita que los pensamientos vayan y vengan sin juicio. Este es su momento. Repite suavemente el ritmo de tu respiración en armonía y serenidad.

Lleva toda su atención a su garganta. Visualiza una hermosa luz azul pequeña; esta luz gira en un círculo. Observa y acepta como se siente esto sin juzgarlo. Con cada inhalación de aire, visualízate respirando más luz azul. Esta luz azul está llenando su chacra de la garganta y la región de su cuello, extendiéndose por todo su cuerpo iluminando su espíritu. Esta luz azul se extiende a sus piernas y manos. Los sentimientos de relajación se están extendiendo a través de ti ahora. Esta luz se conecta con todos tus otros chacras.

Al inhalar, esta luz azul turquesa proporciona verdad y compasión para escuchar. Cuando exhales, esta luz azul turquesa eliminará todo lo que este bloqueando su vida. Todas las emociones negativas son expulsadas. Este pacífico resplandor azul gira y abarca cada aspecto de ti. Recuerde que su espíritu está conectado con la verdad y claridad. Inhale luz azul, exhale tensión y caos interno. Repite esta acción.

Ahora, visualice esta luz azul y vea como se abre de manera similar a una flor. Esta luz se extiende lejos de ti pero permanece conectada a su espíritu. Ahora verás la energía y la luz de la positividad y la guía de lo divino que se filtra en ti abundantemente. Mantenga esta imagen en su mente durante 10 segundos. Cuenta en el ritmo de tu respiración.

No es hora de cerrar este chacra. Trae toda tu atención a la región de tu pecho. Vea como la luz de desenfoque gira disminuyendo en tamaño. Repítete a ti mismo: "Mi chacra de garganta está funcionando normalmente. Su función es normal."

Devuelve todo su poder de conciencia al flujo de la respiración. Inhalando y exhalando en ritmo y armonía. Observe el flujo natural de tu estómago al inhalar y exhalar con cada respiración.

Trae tu atención a tu cuerpo ahora. Siente las sensaciones físicas de tu cuerpo conectando al piso y tus manos en tu regazo.

Cuando estés completamente listo, abre los ojos y levántate.

Garganta (2)

Respira hondo, extiende esta respiración y luego exhale. Cuando exhales, dirige toda tu atención a tu garganta. Visualiza una luz azul brillante como su chacra. Este chacra ahora se extiende en una vibrante armonía como un pulso, desde la garganta hasta llenar completamente el cuello y la cabeza. Ahora se mueve para llenar el resto de su cuerpo.

Imagina que estás paseando por un bosque en un camino muy pequeño. Este camino esta bordeado a cada lado por enormes árboles que ofrecen sombra del sol. Ahora, puedes escuchar los sonidos de pequeños insectos y animales moviéndose. Los pájaros también cantan. Lejos en esta distancia, una corriente suave fluye sobre un lecho de roca y produce un sonido suave y fluido.

Ahora te encuentras con un claro estrecho que se encuentra junto con un enorme tronco con un piso cubierto de arbustos. Caminas junto a él y te sientas con la espalda suavemente contra el tronco.

Los sonidos del bosque son más claros en esta posición. Estos sonidos tienen un significado especial y puede escucharlos junto con sonidos más débiles. Todo este bosque está tocando música sólo para ti.

Su quinto chacra gira y desarrolla su fuerza dentro de ti. Comienza a girar más rápido;

una suave luz azul comienza a lavarse sobre su cuerpo y entra en cada célula y cada poro dentro del cuerpo.

Respira hondo y permítete sentir completamente la energía que se canaliza a través de su garganta, que arde con una luz azul brillante.

Descansa en esta conciencia. Ahora, levántate y comienza a caminar desde el tronco que ha caído al borde del bosque. Aquí es donde empezaste. Echa un vistazo al bosque que canta solo para ti.

Cuanto te sientas completamente listo, abre sus ojos y levántate.

Meditación del Chacra del Tercer Ojo (Tiempo de meditación aproximado 15. Cuando se repita 2 veces)

Este chacra se traduce como "más allá de la sabiduría" la función de este chacra es abrir su mente a información que está más allá del mundo material y sus 5 sentidos. La percepción sensorial mejorada, la intuición y la energía psíquica se derivan del tercer ojo. Hay una pequeña tierra en su ojo que tiene la forma de una piña que absorbe la luz. Esta glándula se llama glándula pineal y es responsable de ayudarlo a sentirse despierto durante el día y cansado al caer la noche. Las culturas antiguas, mucho antes de las imágenes cerebrales modernas, conocían la existencia del tercer ojo, al darse cuenta de que recibe información de fuentes que están fuera de nuestros 5 sentidos.

Encuentre un lugar donde se sienta completamente cómodo y no sea molestado.

Use ropa suelta o sin restricciones y baje la luz si es demasiado brillante.

Comience con una inhalación profunda y respire por la nariz. Sostenga esto por un período corto y luego suéltelo suavemente por la boca. Cuando haces esto, siente una sensación de relajación que te invade.

Deje ir los pensamientos que entran en su mente que aumentan el miedo y la duda sobre usted y los demás. Inhale por la nariz y exhale por la boca. Cuando exhales, deja ir los miedos que existan en su mente.

Este proceso es natural y muy seguro. La luz dorada te colocará en una frecuencia más pulida donde sólo hay experiencias positivas. Ahora, relájate y deja que estas experiencias sucedan.

Deje que el circulo dorado de luz dentro de su frente se abra por completo y envié suaves rayos de luz en todas las direcciones. Deja que esta luz te relaje por completo.

Permita que su cuerpo se relaje. Cada vez más en estado de relajación con cada respiración.

Sienta que su cuerpo se está volviendo liviano, su peso está disminuyendo y caerás en un estado de relajación. Comenzará a fluir más luz directamente hacia su tercer ojo y por todo su cuerpo.

Libérate por completo de toda incertidumbre. Todas las preguntas de duda se liberan a la atmósfera y se liberan completamente de ti con cada respiración.

Permítete abrir tu tercer ojo de forma natural... ahora te relajarás de una manera completa... sintiéndote cada vez más relajado a medida que la luz dorada del tercer ojo fluye de su frente.

Tercer Ojo (2)

Para esta meditación, Habrá 24 pasos divididos en 3 días para un beneficio adicional y para ayudarlo a comprender los beneficios que tiene para ofrecer.

Encuentre un lugar donde se sienta completamente cómodo y no sea molestado. Use ropa suelta o sin restricciones y baje a luz si es demasiado brillante.

Esta meditación del tercer ojo progresará lentamente y le brindará tiempo suficiente para que se instale y disfrute la experiencia.

Comience con una inhalación profunda y respire por la nariz. Sostenga esto por un período corto y luego suéltelo suavemente por la boca. Cuando haces esto, siente una sensación de relajación que te invade.

Permita que su cara se relaje por completo, afloje su mandíbula y permita que todos los músculos de su cara se relajen. Con esto, su cuerpo pronto comenzará a relajarse también. Puede sentir una sensación de calidez que se apodera de usted.

De la bienvenida a esta relajación que se extenderá por todo su cuerpo y aumentará por todo su cuerpo a medida que se mueva más profundamente a través de usted.

Trae toda tu atención justo entre sus cejas. Descansa en la conciencia de su tercer ojo. Esta es la energía dentro de la frente, esta irradia y abre la luz. Visualice una imagen de luz casi del tamaño de una pelota de golf que irradia luz dorada similar al sol. Esta luz irradiará en todas las direcciones a su alrededor.

Mantén tu respiración estable y visualmente esta luz que te rodea desde su centro. Respira esto una y otra vez hasta que sienta que el calor lo abarca por completo. Repita este proceso 10 veces. Sienta esta energía a su alrededor.

Cuando estés listo, abre tus ojos y levántate.

Meditación del Chacra Corona
 (Tiempo de meditación aproximado 10. Cuando se repita 3 veces)

Este chacra se puede traducir a "mil pétalos". Como tal, este chacra es la energía de la conciencia pura. Además, este chacra es una energía notablemente difícil de explicar de una manera que no está enrevesada o entretejida con la sintaxis pedante. Piense en esta como análoga al magnetismo. El color de este chacra es blanco violeta, y su centro se encuentra en la parte superior de la cabeza. La energía de este chacra se irradia entre los ojos, extendiéndose de manera infinita hacia afuera y hacia arriba, y luego conectándote con el resto de la energía del universo.

Si puede, camine hasta la cima de un lugar en particular, esto puede ser una montaña, un techo, entre otras cosas. Traiga una manta, flores y posibles fósforos y una vela también. El objetivo aquí es crear un espacio sagrado para ti.

Coloque pacíficamente su manta en el suelo y junte el altar mientras contempla el significado que todos estos elementos tienen para usted.

Toma un asiento con las piernas cruzadas encima de la manta. Ahora, ponga su mano izquierda sobre el área del corazón en su pecho. Coloque suavemente las yemas de los dedos derechos en el suelo junto a usted.

Cierra los ojos y cae en una comodidad natural en su posición sentada. Sienta su conexión con la tierra. Dejarte retroceder, y la columna vertebral se eleva con la parte superior de su cabeza hacia el suelo.

Ahora, conéctese al flujo natural de su respiración. Permítete sentir el valor especial de esta conexión de inmediato.

Siente cada caída y elevación de su cuerpo con cada respiración. Cada respiración va y viene, experimenta esto completamente. Descanse en la conciencia de la creencia de que hay una fuerza vital que respira dentro y fuera de usted. Algo más profundo que tú que reside dentro de ti.

Esta misma fuerza te está dando toda la respiración necesaria para mantener su vida. Esta fuerza está dentro y alrededor de toda la existencia. Esta fuerza es todo, todo más allá de su cuerpo y su vida.

Ábrete a la posibilidad de estar conectado a esta fuerza. Puedes nombrar a este espíritu como quieras: Dios, Vida, Madre...

Reconoce la presencia en este momento. Abraza su energía.

Cuando estés listo, toma una última respiración profunda. Abre los ojos y levántate para el resto de tu día.

Escaneo Caporal (10 minutos. Repetir 5x)

Siente tus pies descansando cómodamente en el piso.

Siente el aire frío inhalando por la nariz

Observe cualquier sensación corporal única que esté sintiendo

Cuando esté distraído o perdido en sus pensamientos, vuelva a llamar su atención

Sienta el ascenso y la caída de tu pecho mientras inhalas y exhalas

Sienta y nota donde está el movimiento de tu respiración en tu cuerpo

Observe la afluencia de pensamientos y luego regrese a una sensación corporal o al aliento

Observe donde su cuerpo esta incómodo o no se siente bien

Observe si sus respiraciones son superficiales o profundas sin cambiarlas

Muévase continuamente desde la parte superior de la cabeza hasta las plantas de los pies

Deja que el dolor y la incomodidad pasen por tu cuerpo y déjalo ir.

Meditaciones Guiadas de Autosanación y Atención Plena:

Múltiples Secuencias de Meditación como Chakra Curativo, Meditación de Respiración, Meditación de Exploración Corporal, Vipassana, Y Autohipnosis para una Vida Mejor!

Por Academia de Meditación Total

Introduction

Piensa en la última vez que saciaste el trabajo, volviste a casa y realmente te sentiste relajado, no una media relajación llena de ansiedad y pensamientos sobre el día siguiente, una calma real y pacífica. Para la mayoría de nosotros, podríamos recordar esta sensación de paz en la última escuela primaria, o tal vez más atrás. El ritmo de nuestro mundo moderno es increíblemente rápido, y la mayoría de nosotros apenas tuvimos tiempo de notar que de repente, todo nuestro tiempo libre estaba ocupado. Incluso cuando no estamos trabajando de nueve a cinco o estudiando en la escuela, nuestros cerebros siempre están funcionando. Pensando. Los estímulos constantes pueden ser excelentes cuando se trata de mantenerse al día con sus seres queridos, pero los efectos negativos de Internet y las redes sociales afectan particularmente nuestra atención diaria. Se puede pensar en la definición de atención plena como simplemente prestar atención. Mindfulness da especial importancia a enfocar la mente, perfeccionar su concentración y realmente conectar emocionalmente con lo que está centrado en. La atención plena puede centrarse en cualquier cosa que elijas: si estás estresado por el trabajo, pensar clara y directamente sobre un problema específico puede ayudarte a superarlo. La meditación entra en juego con la atención plena en esta etapa del pensamiento de forma clara y directa. La mayoría de nosotros tenemos, en un momento dado, más que un puñado de cosas en nuestras mentes. Meditar te permite usar tu concentración para reducir ese puñado. Una vez que aprendas a meditar para calmar tus pensamientos con el fin de enfocarte directamente en una búsqueda consciente, no vas a creer los cambios que experimentarás. La meditación para la atención plena ha demostrado ayudar a las personas a ser más productivas, vivir sus vidas con una perspectiva más positiva y pensar en patrones de pensamiento más saludables. Ya sea que experimente ansiedad, estrés, depresión o simplemente fatiga de su vida diaria, tomar un momento para componer sus pensamientos y hundirse en una concentración profunda disminuirá sus síntomas. Muchos médicos y psiquiatras prescriben la meditación con un enfoque de atención plena como un medio de controlar o lidiar con factores estresantes de la vida. Con el fin de determinar el tipo de meditación que es adecuado para usted, esta guía útil caminará a través de todo el estilo más popular, y eficaz, de meditación. Completo con guiones que te ayudarán a centrarte, calmar tus emociones negativas y traerte paz, cada uno de los siguientes capítulos contiene todo lo que necesitas saber sobre la autocuración con meditaciones de atención plena guiadas. Si estás listo para empezar a respirar, centrar te y liberar tu mente, vamos a sumergirnos en los métodos de meditación que van a cambiar tu vida.

Meditación de Respiración

Meditación de Respiración Fácil para Mejorar la Atención Plena

Entra en tu aliento, y tu aliento te tumbará.

Aprender a tumbar tu espíritu mantiene tu ser entero.

Acércate a tu meditación con el pecho abierto –

Aquí hay aire, y hay vida.

Permítete asentarte en una posición cómoda, palmas abiertas, cuerpo relajado y estable.

Usted está en control - es el momento de descubrir el poder de su respiración.

Mientras te sientes, calla, quieto, escucha a tu corazón.

Escucha el tambor – lento, constante.
Eres un ciclo, un patrón, una canción.

Inhala por cuatro: uno, dos, tres, cuatro,

Y exhala por cuatro: uno, dos, tres, cuatro.

Tu aliento te da la vida.

Concéntrese en toda su atención consciente en la respiración.

Inhala por uno, dos, tres, cuatro,

Y exhala por uno, dos, tres y cuatro.

Inhala por uno, dos, tres, cuatro,

Y exhala por uno, dos, tres y cuatro.

Mientras inhalas, imagina que el universo se hincha dentro de ti –

Todo consume, respiras y te conviertes en uno.

Inhalar por uno, dos, tres y cuatro –

Y exhala por uno, dos, tres y cuatro – exhala gracias.

Respira aprecio.

Tu cuerpo, mente y espíritu cobran vida sólo con tu aliento –

Y el universo está aquí para proveerte.

Inhala por uno, dos, tres, cuatro,

Y exhala, completa, para uno, dos, tres, cuatro.

Una vez más, escucha el latido de tu corazón –

Toma tres respiraciones más, centrándote en una mente silenciosa y un cuerpo pacífico.

Inhala por uno, dos, tres, cuatro,
Y exhala, para uno, dos, tres, cuatro.
Inhala por uno, dos, tres, cuatro,
Y exhala, para uno, dos, tres, cuatro.
Inhala por uno, dos, tres y cuatro.
El verdadero aliento trae verdadera paz.

Has centrado tu aliento. Inhala, y exhala, una última vez.

Abre lentamente los ojos. Deja que tu respiración permanezca estable.

Adelante.

Meditación del Diafragma para Trastornos de Pánico

Tú tienes el control.
No hay nada que pueda quitarte el poder.
Enfoca tu mente sólo en tu pecho.
Inhala por uno, dos, tres, cuatro,
Y exhala por uno, dos, tres y cuatro.

Tú tienes el control.

Tú tienes el control.

Llama a tu cerebro consciente –

Siempre está ahí, incluso cuando te sientes abrumado.

Llama – concéntrate en encontrar tu atención plena.

Deja que tu espíritu se calme.

Inhala por uno, dos, tres, cuatro,

Y exhala, por uno, dos, tres, cuatro.

El pánico no tiene lugar aquí.

El miedo no tiene lugar aquí.

Siente sólo tu aliento.

Deja que tus inhalaciones y exhalaciones retrasen tu frecuencia cardíaca.

Respira por uno, dos, tres, cuatro,

Y expulsa tu ansiedad en la exhalación: uno, dos, tres, cuatro.

Respira por uno, dos, tres, cuatro,

Y expulsa tu miedo en la exhalación: uno, dos, tres, cuatro.

Respira por uno, dos, tres, cuatro,

Y expulsar tu inseguridad en la exhalación - uno, dos, tres, cuatro.

Cada aliento da vida a tu ser,

Cada exhalación toma el dolor de tu espíritu.

Siente que tu frecuencia cardíaca se ralentiza.

Estás tranquilo y en control.

Inhala por uno, dos, tres, cuatro,

Y exhala por uno, dos, tres y cuatro.

A medida que comiences a calmarte, concéntrate en la parte inferior del estómago.

Siente el movimiento de tu diafragma mientras inhalas –

Uno, dos, tres, cuatro

Y exhala: uno, dos, tres y cuatro.

Tu aliento, corazón y vientre son tu espíritu, mente y cuerpo.

Siente tu ser unificado para llegar a la paz.

No hay necesidad de miedo.

No hay necesidad de ansiedad.

Siente tu aliento.

Inhala – uno, dos, tres, cuatro,
Exhala – uno, dos, tres, cuatro.
Inhala – uno, dos, tres, cuatro,
Exhala – uno, dos, tres, cuatro.
Date permiso para encontrar la paz.
No tienes que preocuparte.
No necesitas entrar en pánico.
Todo está bien cuando tu ser está centrado.

Siente tu cerebro consciente relajarse,
Inhala por uno, dos, tres, cuatro,
Y exhala por uno, dos, tres y cuatro.
Eres ligero y pacífico, estás a salvo.
Respira tres respiraciones profundas,
Y cultivar un espacio seguro para sus momentos más ansiosos.
Inhala por uno, dos, tres, cuatro,
Y exhala por uno, dos, tres y cuatro.
Con cada respiración, consolidas la seguridad de tu espacio.
Estás aquí y protegido, en tu propia existencia.
Inhala por uno, dos, tres, cuatro,

Y exhala, para uno, dos, tres, cuatro.
Inhala por uno, dos, tres, cuatro,
Y exhala, para uno, dos, tres, cuatro.
A medida que calmas y te mueves suavemente hacia la superfice de la conciencia,
Recuerda este espacio que has creado.
Mantenga sagrada su seguridad pacífica –
Este santuario cultivado es tuyo.
Cuando te sientas abrumado, vuelve a ella.
Vuelve a tu mente.
Vuelve a tu aliento.
Vuelve a tu centro.
Abre los ojos y sal con fuerza
Y paz.

Relajar el Cuerpo

Cuando se trata de practicar meditaciones de autosanación guiadas corporalmente, el esquema básico que querrás seguir es uno de enfocar, tensar y relajarte. Cuando hagas una meditación de relajación corporal para la autosanación, estarás haciendo un balance de cada músculo, sistema y reacción. Nuestros cuerpos a veces pueden sufrir daños diarios que ni siquiera somos conscientes. La mayoría de las personas tienen tensión en sus mandíbulas, dientes, manos y hombros. Cuando hagas una meditación de relajación corporal, harás balance en silencio de cada uno de las molestias y dolores de tu cuerpo, en un intento de relajarte y traer la paz donde más lo necesites. Comencemos con una meditación muy simple y lenta que puedes hacer cuando te metes en la cama cada noche antes de irte a dormir. Las meditaciones corporales tienen la ventaja añadida de relajar su ser físico, así como su lado emocional para que tú seas mucho más propenso a derivar en un sueño profundo. Una vez que estés listo para la cama, recostándote boca arriba con los brazos a tu lado, las palmas mirando hacia abajo en el colchón, las piernas ligeramente separadas. Puedes ajustar tu posición a lo que sea más cómodo para ti. Sin embargo, tú debes centrarte en ser propenso y en una posición en la que rutinariamente te guste descansar. En la espalda es la mejor manera posible de acostarse con el pecho abierto, un corazón abierto y un ser físico alineado antes de comenzar su meditación, pero no el cuerpo físico de todos es el mismo. Encuentra tu comodidad, y comenzaremos. Con los ojos cerrados, camina a través de la siguiente meditación una o dos veces, dependiendo del estrés general y la tensión de tu cuerpo.

Guión Dirigido de Relajación de Grupo Muscular

A medida que su día llega a su fin, abra su corazón y mente a la relajación completa.

Cierra suavemente los ojos. Siente la oscuridad a tu alrededor como una manta.

Respira por la nariz, por uno, dos, tres, cuatro –

Y exhala por tu boca, por uno, dos, tres, cuatro.

Deje que cada cuenta regresiva de exhalación expulse energía negativa con su aliento.

Siente la sangre corriendo a través de tu cuerpo mientras respiras,

Uno, dos, tres, cuatro;

Y deja que tu estrés y tensión se disipen mientras exhalas –

Uno, dos, tres, cuatro.

Estás aquí, presente y listo para descansar.

Deja tu cerebro callado. Concéntrese sólo en su respiración.

Siente que tus músculos se relajan mientras tu cuerpo se llena de oxígeno.

Piensa en tus dedos de los pies.

¿Qué hiciste hoy con tu pie?

¿Están doloridos o cansados? Concéntrate en tus pies.

Mientras exhalas, prepárate para apretar los dedos de los pies mientras respiras.

Inhala uno, dos, tres, cuatro, y aprieta los dedos de los pies lo más que puedas.

Suelte lentamente, exhale uno, dos, tres, cuatro.

Siente que la tensión en los dedos de los pies se deshace.

Respira, uno, dos, tres, cuatro, y cambia tu enfoque a tus pantorrillas.

Exhala uno, dos, tres, cuatro, y aprieta las pantorrillas cuando empieces a inhalar.

Uno, dos, tres, cuatro, más apretado, más apretado –

Y suelta, para uno, dos, tres, cuatro.

A medida que te muevas hacia arriba a través de los músculos, concéntrate solo en el peso de tu propio cuerpo.

Aquí, estás presente con tu espíritu, mente y ser.

Cada apretón y liberación te ayuda a liberarte del estrés.

Es seguro dejarlo ir. Se le permite relajarse.

Piensa en tus rodillas. ¿Están apretadas o adoloridas?

Mientras inhalas, aprieta las rodillas durante uno, dos, tres y cuatro –

Y suelta lentamente, para uno, dos, tres, cuatro.

Al soltar las rodillas, presione las palmas hacia abajo y sienta el suelo.

Estás aquí, y tus rodillas, aunque hechas para caminar,

Están aquí para descansar.

Piensa en tus muslos. Respira y tenso, uno, dos, tres y cuatro –

Y suelte lentamente, uno, dos, tres y cuatro.

La mitad de la tensión en el cuerpo se ha disuelto.

Estás a medio camino de un sueño tranquilo.

Vuelve a enfocar tu mente si tus pensamientos vagan, y piensa en tus glúteos.

¿Te sentaste hoy? ¿Estás tenso?

Inhala y aprieta por uno, dos, tres y cuatro –
Y suelte por uno, dos, tres y cuatro.
Tu abdomen es el corazón de tu centro.
Disminuye la respiración y pausa los músculos.
Escucha el sonido de tus latidos.
Tu cuerpo mantiene tu corazón y tu espíritu a salvo.
El rejuvenecimiento es la clave.
Piensa en tu espalda baja.
Apretado, tenso, adolorido.
Respira y aprieta para uno, dos, tres, cuatro,
Y suelte por uno, dos, tres y cuatro.
Cambia el enfoque de atrás hacia adelante.
Piensa en tus músculos abdominales.
Piensa en tu estómago.
En una inhalación, apriete uno, dos, tres, cuatro,
Apretando los abdominales en la parte superior de la inhalación.

Suelte lentamente y exhale, uno, dos, tres y cuatro.

Ya casi terminaste. Siente tus músculos cerca del sueño.

Avanzando hacia arriba, concéntrate en tus hombros.

Que se relajen, que sanen.

Tense y espere para uno, dos, tres, cuatro,

Y exhala tu liberación, uno, dos, tres y cuatro.

Concéntrese una vez más en la tensión en sus hombros.

Esta vez, presione de nuevo en su colchón –

Abre tu corazón y centro para rendirte por completo.

Respira por uno, dos, tres y cuatro –

Y suelta por uno, dos, tres, y cuatro.

Regrese lentamente a descansar en una posición suave y propensa.

Siga su torrente sanguíneo hacia abajo, hacia abajo –

Hacia las puntas de los dedos en las puntas de los brazos.

Están tensos como tus dedos de los pies y listos para descansar.

Aprieta los puños mientras inhalas por uno, dos, tres,

Y lentamente suelten su alcance, exhalando uno, dos, tres y cuatro.

Arriba de los dedos, concéntrate en tus antebrazos.

Respira y aprieta los antebrazos por uno, dos, tres, cuatro,

Y suelte por uno, dos, tres y cuatro.

A continuación, muévanse hacia sus bíceps, arriba, arriba.

Flexión y cierre para uno, dos, tres y cuatro -

Y suelte para uno, dos, tres, cuatro.

A medida que nos movemos hacia tu cuello, siente que el resto de tu cuerpo se pone ligero como el aire.

No tienes peso. Estás flotando.

No hay apego físico.

Estás relajado, y estás entero.

Inhala y tensa los hombros alrededor del cuello –

Uno, dos, tres, cuatro.

Y abajo, para uno, dos, tres, cuatro.

Cambia tu enfoque a tus músculos faciales. Aquí, la tensión es espesa.

A través de la mandíbula y la boca, tendemos a mantener el estrés.

Siente los músculos de la cara, siente el aliento entrando y saliendo del cuerpo.

Existir aquí por un momento, sin ningún movimiento más que aliento.

Inhala, uno, dos, tres, cuatro – y exhala uno, dos, tres, cuatro.

Llévese a su centro.

Siente que tu espíritu se asienta.

En la inhalación, apriete los músculos faciales durante uno, dos, tres y cuatro–

Y suelte por uno, dos, tres y cuatro.

Una vez más, regresa al torrente sanguíneo. Estás cansado –

Tus músculos se han calmado,

Tu dolor se ha ido,
No hay más tensión.
Eres ligero como el aire.
Mientras inhalas, piensa en tu cuerpo como un espacio completo.
Una unidad. Una máquina.
Tu templo.
Exhala uno, dos, tres y cuatro, y relájate.
El sueño es pesado.
Inhala uno, dos, tres, cuatro, y piensa en todo tu ser.
Exhala por uno, dos, tres y cuatro y siente que tu aliento deja tu cuerpo.
Los dedos de los pies de los dedos, el abdomen, el cuello, los brazos y las piernas –
Todos están en paz.
Inhala, uno, dos, tres, cuatro – y aprieta todo tu cuerpo.
Sostenga uno, dos, tres y exhale –
Uno, dos, tres, cuatro.
Deja que tu espíritu duerma.
Deja que tu mente descanse.

Tu cuerpo físico está purificado.

Piense en sus palmas mientras se va a dormir, presionado contra su fuerza de puesta a tierra.

Estás centrado. Todo está tranquilo.

Permítete dormir.

Relajación y Meditación de la Hipnosis Física

Concédete permiso para dedicarte al autocuidado.

Encuentra una posición en la que estés relajado, cómodo y abierto al universo.

Dondequiera que te encuentres, mantén las palmas abiertas –

Eres receptivo a la energía positiva.

La relajación del cuerpo y la mente rejuvenece el alma.

Te mereces la tranquilidad, y mereces la paz.

Ahora es el momento de relajarse.

Deja que tus párpados se caigan mientras relajas la mandíbula.

Busca el aliento, por la nariz y por la boca.

Escuche sólo la prisa de su aliento salvavidas –

Inhalar para uno, dos, tres y cuatro;

Y exhala por uno, dos, tres y cuatro.

Deja que el patrón de tu respiración ralentiza tu frecuencia cardíaca.

Siente que tus dedos, piernas y brazos se llenan de aire –

El oxígeno te ayudará a sanar.

Abre tu corazón a un centro consciente;

La relajación sólo se produce una vez que la tensión se ha ido.

Imagina, en tu mente,

Eres un recipiente lleno de agua.

Cuando empiezas cada día,

Eres claro y limpio – suave, quieto.

La superficie está rota, tus profundidades son puras.

No hay nada más que amor y calma.

A medida que pasa el día,

Tu recipiente pacífico comienza a burbujear,

Lentamente al principio –

Una burbuja de ira, una avalancha de ansiedad,

Un poco de estrés.

Su recipiente se agita; ya no eres pacífico.

A lo largo del día, cada vez más impurezas
Burbuja dentro de ti.

Presión, construcción, construcción, construcción.

Enfoca tu mente en la parte superior de tu cabeza.

Al final del día, usted está apretado y listo para estallar.

No hay nada pacífico en esta presión.

Inhala por cuatro: uno, dos, tres, cuatro,

Y exhala por cuatro: uno, dos, tres, cuatro.

Mientras exhala, suelte la tapa de su vaso –

Deje que la presión escape.

Desde la barbilla hasta el cuero cabelludo, libera tus impurezas como burbujas carbonatadas –

Inhala por uno, dos, tres, cuatro,

Y exhala tu presión: uno, dos, tres, cuatro.

Concéntrese en el abdomen, lleno de burbujas, apretado con presión.

Suéltalo, arriba, arriba, a través de tu cuero cabelludo, a través de tu mente, fuera de tu ser para siempre.

Inhala por uno, dos, tres, cuatro,

Y exhala tensión: uno, dos, tres, cuatro.

Eres una tetera que desahoga.

Desde las puntas de los dedos hacia arriba a través de los brazos,

Suelte la presión –

Inhala por uno, dos, tres, cuatro,

Y exhala por uno, dos, tres y cuatro.

Desde las longitudes de las piernas y hasta el torso,

Suelte la presión –

Inhala por uno, dos, tres, cuatro,

Y exhala, para uno, dos, tres, cuatro.

Desde las puntas de los dedos de los pies hasta la parte superior de la cabeza –

Suelte la presión.

Purificate.

Inhala por uno, dos, tres, cuatro,

Y exhala por uno, dos, tres y cuatro.

Permita que su cerebro consciente descanse; su cuerpo está en paz.

Todas las emociones difíciles que se han ido por dentro de ti se han ido.

Estás tranquilo, sereno.

Usted está lleno de agua hermosa – fresco, tranquilo, y limpio.

Ya no hay nada negativo que te agote,

Eres ligero y aireado,

Suave y limpio.

Permítete estar descansado. Permítete sentir como en casa.

Lentamente, vuelve a la conciencia.

Has purificado y limpiado.

Estás entero otra vez.

Conciencia de Apertura

Muchos de nosotros estamos demasiado atascados en nuestras vidas personales, laborales y sociales para darnos cuenta de que hemos cerrado nuestros sentidos a la conciencia. La conciencia en la atención plena y la meditación a menudo coincide con las personas que desean controlar la depresión o la ansiedad. Si bien las meditaciones de conciencia no son una cura total para estos tipos de trastornos emocionales, abrir el corazón y la mente para ser consciente de ti mismo, de tu entorno y de tu día a día puede tener un gran impacto en tu felicidad. A menudo se conoce como un "cambio de marco", la conciencia.

Conciencia Respiratoria y Control de la Meditación

Llega a una posición cómoda que permite que tu cuerpo se relaje y descanse. Deja que tus mejillas se caigan. Siente que la tensión en la mandíbula comienza a disiparse.

Deja que los párpados se cierren, o si te sientes cómodo, mantenlos abiertos.

Tu meditación es tu espacio personal.

Al abrir tu corazón a la autoconciencia hoy,

Imagínate en la cima de una montaña.

Aquí estás lejos de tu centro –

Por encima del suelo, ansioso, y sin darse cuenta.

Pero la comodidad del terreno sólido está a su alcance.

Con cada número de diez a uno, imagínate dando un paso.

Más cerca, hacia adelante, hacia algo mejor.

Diez.

Da un paso. Siente que tu cuerpo acepta reposo.

Nueve.

Da un paso. Siente que tu mente empieza a ser lenta.

Ocho.

Da un paso. Con cada número, te hundes más en una conciencia profunda.

Siete.

Da un paso y escucha tu respiración: tus jadeos poco profundos han cambiado a inhalaciones largas y profundas. Te estás acercando a tu centro.

Seis.

La parte superior de tu viaje está muy por detrás de ti, y la tensión que tenías ha dejado.

Inhala por cuatro cargos – uno, dos, tres y cuatro –

Y exhala por cuatro cargos: uno, dos, tres, cuatro.

Da tus últimos cinco pasos, y con cada uno, date la última conciencia.

Cinco... Cuatro... Tres... Dos... Una.

Aquí está tu centro espiritual. Estás castigado, mentalmente, pero no has castigado tu ser físico.

Permítanos volver a su conciencia y volver a su aliento.

No hay miedo a la conciencia, sólo aceptación y conocimiento.

Siente la inhalación superficial de tu aliento.

No has encontrado tu centro de respiración.

La conciencia te ayudará a encontrarla, y a su vez, te traerá sanación.

Respira hondo por la nariz por uno, dos, tres, cuatro,

Extendiendo el estómago hacia afuera como un alcance.

Respira ahora, a través de tu boca, uno, dos, tres, cuatro,

Colapsando el estómago contra la columna vertebral.

Eres un ser que respira – la respiración es tu vida.

Concéntrate en tu conciencia. Concéntrate en la respiración. Tú tienes el control.

Calma cualquier pensamiento externo – exhalarlos con la respiración.

Estás en presencia de tu propio espíritu, y tu aliento le da vida.

Inhalar para uno, dos, tres y cuatro –

Y exhala, para uno, dos, tres, cuatro.

Mientras inhalas, busca conocimiento.

Uno, dos, tres, cuatro -

Inspeccione su cuerpo mientras exhala por uno, dos, tres y cuatro.

Si hay tensión, búsquela.

Donde hay un dolor, encuéntralo.

Inhalar para uno, dos, tres y cuatro –

Y exhala por uno, dos, tres y cuatro.

Centra tu conciencia en lo que no está alineado con tu centro.

Inhala y siente la tensión: uno, dos, tres, cuatro.

Exhala y purga tu sistema de impurezas.

Mantenga su mente y pensamientos centrados en su desalineación –

Para tres respiraciones profundas, permita que su estado consciente se concentre solo aquí.

Respira y purga.

Inhala tu tensión – uno, dos, tres y cuatro –

Y exhala estrés innecesario por uno, dos, tres y cuatro.

Inhalar para uno, dos, tres y cuatro;
Y exhala por uno, dos, tres y cuatro.
Inhalar para uno, dos, tres y cuatro;
Y exhala por uno, dos, tres y cuatro.

Tu conciencia ya no pertenece a esta región –

Te has concentrado, encontrado y liberado.

Regresa, ahora, a tu viaje de diez pasos.

Empiezas tu ascenso limpio y limpiado.

Un paso adelante, un paso adelante. Uno.

Siente tu fuerza. Llegar al pico ya no es difícil.

Dos. Más alto, más fuerte. Usted es consciente. Estás tranquilo.

Tres. Cuatro. Toma un respiro.

Inhala por uno, dos, tres, cuatro,

Y exhala por uno, dos, tres y cuatro.

Acérquese. Cinco. Seis. Siete.

Arriba, ocho. Nueve. Diez.

Inhala por uno, dos, tres, cuatro,

Y exhala por uno, dos, tres y cuatro.

Has regresado, pero no eres el mismo.

Estás centrado. Tienes el control.

Abre los ojos lentamente – la conciencia es un regalo.

Meditación sobre el Estrés y la Conciencia en el Lugar de Trabajo

Al entrar en su práctica meditativa hoy, sientese en una posición cómoda que no requerirá cambio.

Con las palmas abiertas y relajadas donde quiera que te sientas más natural,

Deje que los párpados se caigan si se sientan pesados, o mantengalos suavemente abierto si lo prefiere.

A través de la nariz, inhalar por cuatr: uno, dos, tres, cuatro,

Y exhala por cuatro cuentas de tu boca: uno, dos, tres, cuatro.

La autocuración no siempre implica el yo; mientras calmas tus pensamientos,

Concéntrese en el estrés: trabajo, escuela, mandados y plazos.

Concéntrese en el estrés: trabajo, escuela, mandados y plazos.

Inhala por uno, dos, tres, cuatro,

Y exhala por uno, dos, tres y cuatro.

Tu estrés es un ascensor en el último piso —

Suspendido, pesado, infligiendo daño.

Empiezas en lo alto, capturado y atrapado.

Inhala por uno, dos, tres, cuatro,

Y exhala por uno, dos, tres y cuatro.

A medida que tu atención plena se estira para envolver tu estrés,

Siente la carga en lo más profundo de ti.

Para librarse de la negatividad, primero debe erradicar su causa.

¿De dónde sientes que proviene tu estrés?

¿Estás demasiado ocupado en el trabajo? ¿Ansioso? ¿Cansado? Encuentra tu causa.

Encuentra tu raíz.

Inhala por uno, dos, tres, cuatro,

Y exhala por uno, dos, tres y cuatro.

Fijar la causa de su desequilibrio – el estrés no puede venir de donde no pertenece.

Las emociones negativas no tienen lugar en tu espacio mental.

Deje el trabajo en el trabajo : permítete el lujo de un lugar seguro.

Inhala por uno, dos, tres, cuatro,

Y exhala por uno, dos, tres y cuatro.

Mueve tu ascensor por un piso. Pesado, difícil, pero el alivio está cerca.

Siente que tu carga se aligera – siente que tu espíritu aumenta a medida que disminuye la tensión.

Estás más cerca del suelo, ya no estas peligrosamente en el borde.

El cable por encima de la cabeza ya no se tensa con el estrés, pero tu mente permanece apretada.

Muévete suavemente por otro piso, tu mecanismo crujiendo, temblando, pero relajándote.

Su ascensor no puede caer si lo ha traído al suelo.

Inhala por uno, dos, tres, cuatro,

Y exhala por uno, dos, tres y cuatro.

El estrés puede derramarse para convertirse en ansiedad o ira – baja el ascensor y deja que este piso purgue tus emociones negativas.

Aquí, estás enojado, herido, avergonzado – sobrecargado, cansado, desilusionado. No puedes quedarte. Y no lo harás.

Deja atrás estas peligrosas emociones: si se construyen con demasiada fuerza, el ascensor se estrella.

La autocuración requiere tiempo, y la autocuración toma fuerza.

No dejes que tu estrés te muestre débil.

Tire de su ascensor hacia abajo de nuevo, inhalando por uno, dos, tres cuatro,

Exhalando negatividad para uno, dos, tres y cuatro.

Siente tu aliento, como tu ascensor, deja de lado el dolor.

No puedes controlar las causas que te causa estrés, pero puedes ayudar a tu mente a llevar tu espíritu de vuelta al centro.

No hay tiempo para un estrés indebido que no podamos cambiar nosotros mismos.

Tire hacia abajo otra vez, otro piso. Cada uno es más suave, cada uno es más fácil.

Su ascensor reproduce su música – permítase relajarse.

Inhala por uno, dos, tres, cuatro,

Y exhala por uno, dos, tres y cuatro.

Con un último tirón, baje su ascensor a la planta baja.

Inhale su estado sólido seguro - uno, dos, tres, cuatro;

Y exhala tu duda: uno, dos, tres, cuatro.

Mantén tu mente y despeja cualquier pensamiento de trabajo o estrés.

Estás centrado aquí. No des más tiempo para estresarte.

Tus minutos son tuyos, tus pensamientos son tuyos, y tu ascensor es tuyo.

Inhala por uno, dos, tres, cuatro,

Y exhala por uno, dos, tres y cuatro.

Aquí, su viaje termina y comienza. Estás centrado y castigado, espiritual y físicamente. Sólo usted puede permitir que su ascensor sea drogado de nuevo.

Mantengan su terreno – usted está en control.

Inhala por uno, dos, tres, cuatro,

Y exhala por uno, dos, tres y cuatro.

Vaya con atención a sus espacios estresantes con el centro, el control y el enfoque.

Lentamente, abre los ojos y déjate llevar por el estrés.

Respiración abdominal

La respiración abdominal, a diferencia de la meditación respiratoria, se centra un poco más en los músculos físicos que en la respiración espiritual y emocional en lo que se refiere a su paz interior. Las meditaciones de respiración abdominal son útiles para permitir que tu cuerpo llene tu torrente sanguíneo de oxígeno, lo que crea, a su vez, una increíble sensación de calma, satisfacción y salud corporal. La mayoría de nosotros no tenemos idea de cómo respirar correctamente usando nuestros músculos, nariz y boca del diafragma – simplemente hacemos todo lo posible, sin aprender la técnica adecuada para maximizar nuestro flujo de aire y realmente enriquecer su cuerpo con atención plena biológico oxigenado. Con el fin de meditar adecuadamente con técnicas de respiración abdominal, vas a querer centrarte en respirar a través de la nariz y por la boca.

Puede que no suene muy complicado, pero la idea básica detrás de las meditaciones de respiración abdominal es perfeccionar la respiración para tratar mejor a tu cuerpo. Cuando respiras a través de la nariz, para enganchar correctamente el diafragma, tienes que extender el estómago hacia afuera y hacia abajo, como si estuvieras presionando el oxígeno hacia abajo en la parte más baja del vientre. Una vez que haya completado la inhalación, debe colapsar el estómago en un movimiento hacia arriba mientras exhala a través de la boca. En lugar de llenar el vientre hasta el fondo, la exhalación debe ser a partir de la parte inferior y empujar el oxígeno hacia fuera. Pruebe este patrón un par de veces, y una vez que se aferre de él, tu debes comenzar a sentir su hormigueo del cuerpo, relajarse, y llenarse de oxígeno. Cuando el torrente sanguíneo está altamente oxigenado, el cerebro, el corazón, los músculos y los órganos funcionan de manera más eficaz.

Vamos a caminar a través de una meditación de respiración abdominal rápida para enseñarle cómo mover su diafragma, antes de entrar en un guión completo de meditación de la conciencia ción abdominal. Cuando te involucres en la meditación de la respiración abdominal, querrás asegurarte de que estás posicionado para que la columna vertebral esté recta y la parte superior del abdomen no esté doblada de una manera que obstruya las vías respiratorias. Mientras que la mayoría de las personas eligen sentarse en una posición cómoda con las piernas cruzadas en un suave mate o almohada, todos son diferentes, siempre y cuando las vías respiratorias no estén constreñidas, la respiración abdominal funcionará normalmente. Cierra los ojos y empecemos.

Respiración abdominal para la oxigenación

Relajarse. Siente que tu cuerpo entra en un estado consciente.

Permita que su corazón comience a curarse a sí mismo.

Tu único enfoque ahora es respirar.

Por dentro y por fuera.

Por dentro y por fuera.

Siente tus latidos.

Inhala lentamente a través de la nariz,

Extendiendo el estómago hacia afuera por uno, dos, tres.

Exhala lentamente a través de la boca, mientras empujas

Tu aliento para tres, dos, uno, arriba y fuera.

Se derrumba sólo para abrir – sentir el ciclo.

Inhala de nuevo, esta vez empujando tu aire

Baja abajo en tu vientre.

Exhala lentamente, empujando desde esa misma profundidad
Arriba desde abajo –
Tres, dos, uno.
Siente el estiramiento, el contrato y el cambio del diafragma.
Estás respirando como el universo pretendía.
Permita que su torrente sanguíneo se llene de oxígeno –
Tu aliento es tu vida.
Inhala por la nariz, uno, dos, tres, cuatro,
Empujando tus salidas de estómago,
Luego exhala lentamente, a través de tu boca,
Uno, dos, tres, cuatro
Empujando hacia arriba – hacia arriba, respirando con el diafragma.
Centra tu enfoque solo en la respiración,
Tu estómago, afuera, diafragma, arriba,
Una y otra vez, un patrón nutritivo.
Inhala por uno, dos, tres, cuatro,
Y exhala por uno, dos, tres y cuatro.

Inhala por uno, dos, tres, cuatro,
Y exhala por uno, dos, tres y cuatro.
Inhala por uno, dos, tres, cuatro,
Y exhala por uno, dos, tres y cuatro.
Siente que tus músculos comienzan a recordar cómo usar el diafragma.
Con cada respiración, dentro y fuera, su cuerpo recuerda cómo respirar.
Profundo, largo, lento – fuerte.
Respira con todo tu cuerpo.
Inhala por uno, dos, tres, cuatro,
Y fuera por uno, dos, tres, y cuatro.
Aprender y enseñar requieren paciencia –
Usted es a la vez estudiante y profesor.
Tu cuerpo es fuerte,
Estás lleno de oxígeno – tu aliento es tu vida.
Permita que sus músculos trabajen libremente;
Un cuerpo que respira libremente aporta ligereza al alma.
Inhala por uno, dos, tres, cuatro,
Y exhala por uno, dos, tres y cuatro.

Recuerda cómo funcionan tus músculos –
Recuerda cómo se siente tu aliento.
Inhala por uno, dos, tres, cuatro,
Y exhala por uno, dos, tres y cuatro.
Trabaje el estómago, sienta sus abdominales.
Eres consciente y consciente – tu aliento nunca ha sido más fuerte.
Inhala por uno, dos, tres, cuatro,
Y exhala por uno, dos, tres y cuatro.
Deja que tu mente controle tu cuerpo –
Deja que tu cuerpo sane tu espíritu.
Inhala por uno, dos, tres, cuatro, recordando tus movimientos.
Exhala para uno, dos, tres y cuatro – un patrón repetitiva.
Tu aliento es antiguo, una combinación de todo tu cuerpo, mente y espíritu –
Pero eres consciente, y un corazón consciente puede entrenar su aliento.
Inhala por uno, dos, tres, cuatro,
Y exhala por uno, dos, tres, cuatro – estás creciendo mientras respiras.

Deja que tu ritmo se afloje lentamente.
Libera el control sobre tu respiración.
Siente cómo tus músculos recrean el patrón.
Ahora conoces tu antiguo aliento – recuerda a tu cuerpo cómo usarlo.

Respiración abdominal para el control de impulsos

Inhala de forma natural por cuatro cargos: uno, dos, tres, cuatro,
Y exhala naturalmente por cuatro cargos: uno, dos, tres, cuatro.
Centra tu atención plena solo en tu aliento:
¿Tus inhalaciones son superficiales? ¿Tus exhalaciones son cortas?
Centra tu atención plena solo en tu espíritu –
Deja que tu aliento saque tu negatividad.
Ten en cuenta tus factores estresantes, pero no permitas que afecten tu centro.

Mantenga el dolor enfocado y respire lentamente.

Inhala por uno, dos, tres, cuatro,

Pero exhalar afilado, rápido, rápido –

Meditación de amor y bondad

Meditación de la bondad para el autocuidado

Practicar la bondad hacia uno mismo toma tiempo y paciencia.

Acércate a tu meditación hoy con el corazón abierto, no para el mundo, sino para ti mismo.

A medida que llegue a descansar en una posición propensa cómoda, permita que sus ojos se cierren suavemente contra las mejillas.

Siente la respiración entrar y salir de tu cuerpo – inhalar por uno, dos, tres, cuatro,

Y exhala, para uno, dos, tres, cuatro.

Sois tres seres juntos: espíritu, cuerpo y mente, y debes nutrir a cada uno con bondad.

Mientras sientes que te estableces en un estado consciente, imagina que te estás hundiendo por el suelo.

Usted no es pesado con la carga, o pesado con el dolor –

Tu espíritu, cuerpo y mente, están llenos de calma, y al practicar la bondad propia, invitas a la paz a unirte a ti.

Inhala por uno, dos, tres, cuatro y exhala, para uno, dos, tres, cuatro.

El aumento de tu pecho da vida a todo lo que eres, pero todo lo que eres a veces puede sufrir del estrés de la vida.

Eres gentil, y debes tratarte así.

Toma tu espíritu, cuerpo y mente en tus manos, y deja que tu meditación revitalice tu ser con bondad.

Cambia tu enfoque a tu centro. Imagínate, en medio de tu pecho, una luz brillante.

Esta luz es tu amor por tu propio yo – creado dentro, y nutrido dentro.

Inhala por uno, dos, tres, cuatro, y observa cómo crece tu luz.

Exhala por uno, dos, tres y cuatro.

Dentro del pecho, tu luz es más grande , más brillante, más amable.

Mientras te centras en ampliar la luz dentro del pecho, respira por uno, dos, tres, cuatro y fuera, para uno, dos, tres y cuatro.

Mantén las palmas abiertas al universo mientras alimentas tu luz interior.

Inhala para uno, dos, tres, cuatro, brillando de brazo a brazo.

Exhala por uno, dos, tres, cuatro, y siente que la luz llega hasta los dedos.

Eres un ser iluminado en bondad, bondad creada por ti, para ti.

Una vez más respira por uno, dos, tres, cuatro, encendiendo tu cuerpo en la luz mientras exhalas: uno, dos, tres y cuatro.

Contunde con amabilidad. Eres tu mejor amante.

Gira tu cerebro consciente hacia adentro hacia tu espíritu.

Envía luz en olas para bañar tus pasiones, dedicación, motivación y satisfacción.

Mereces ser amable contigo mismo.

Muévete de tu espíritu a tu cuerpo.

Deja que tu luz se caliente.

Inhala por uno, dos, tres, cuatro, y siente el sol contra tu piel.

Exhala uno, dos, tres y cuatro, y deja que tus dedos te hormigueen.

A través de tu ser físico, envía ondas de luz e intenciones amables.

Nuestros seres físicos a menudo son pasados por alto, pero no puedes estar entero sin los tres.

Tu ser físico te mantiene vivo. Tu ser físico te mantiene a salvo.

Trata tu cuerpo con amor. Trate su cuerpo con amabilidad.

Las palabras crueles no pueden cambiar lo que no se puede cambiar: la bondad es la aceptación, y la aceptación es amor propio.

Respira por uno, dos, tres, cuatro,

Y fuera por uno, dos, tres, y cuatro.

Voltea ahora a tu mente, ese lugar polvoriento con pensamientos ansiosos y miedos agudos.

Tu mente es sagrada, el hogar de tu creatividad, tú mismo y tu impulso.

Baña tu mente en la bondad – eres inteligente, eres fuerte y eres capaz de cualquier cosa.

Inhala por uno, dos, tres, cuatro,

Y exhala por uno, dos, tres y cuatro.

Una vez más hacer un balance del peso de su cuerpo - usted es pesado, grueso, cargado de densidad;

Pero todo es amor.

Eres pesado de amor.

La bondad no se encuentra fácilmente fuera, sino que se cultiva mejor dentro de su mente.

Puedes brillar, por tu cuenta, y sanar, por tu cuenta.

Eres espíritu, cuerpo y mente, y si eres amable, puedes hacer cualquier cosa.

Inhala por uno, dos, tres, cuatro, y siente que tu resplandor comienza a aligerarse.

Eres un faro de bondad, y tu trabajo, por ahora, ha terminado.

Inhala por uno, dos, tres, cuatro,

Y exhala uno, dos, tres y cuatro.

Absorbe la luz que dejaste atrás, tomando lo que no se usó.

Lentamente, débilmente, hágase a una suave quemadura baja.

Tu bondad es una lámpara dentro de tu pecho.

Encuentra su brillo cuando más lo necesites, pero nunca dejes que la luz se acabe.

Inhala por uno, dos, tres, cuatro,

Y exhala, amable, iluminado en la luz, para uno, dos, tres y cuatro.

Permita suavemente que sus ojos se abran. Vuelves a entrar en el mundo como uno solo –

La bondad forjada, eres espíritu, cuerpo y mente en paz.

Meditación de amor para la actualización

Tranquilízate.

Permita que su ser físico se desconecte de su espíritu.

Aquí, y ahora, son dos separaciones: una nave y un viajero.

Sumérgete en una posición cómoda.

Deje que sus ojos se cierren suavemente, o descanse ligeramente en una cara suave.

Inhala por cuatro cargos: uno, dos, tres, cuatro,

Y exhala por cuatro cargos: uno, dos, tres, cuatro.

Tu ritmo es tu guía. Deja que tu aliento relaje tu cuerpo.

Centra tu atención plena en tu corazón.

Escucha el ritmo constante, y siente el peso de tu propia humanidad.

Todos escuchamos el mismo latido: todos contenemos el mismo corazón.

Inhala para uno, dos, tres, cuatro e imagina un jarrón lleno de flores –

Pero vacía de agua.

Inhala por uno, dos, tres, cuatro y exhala, para uno, dos, tres, cuatro.

El espacio vacío en la parte inferior del jarrón le llama –

Pero, ¿qué puedes hacer?
Inhala por uno, dos, tres, cuatro,
Y exhala por uno, dos, tres y cuatro.
Tienes algo que verter.
Devuélvete el foco en el pecho.
Tienes amor allí.
Me encanta dar.
Cada lenta inhalación de aliento, la imagen que jarrón con una fina piscina de agua.
Respira por uno, dos, tres, cuatro,
Y fuera, para uno, dos, tres, y cuatro.
Cada pétalo se mueve, hay agua allí.
No puedes recibir amor si eres incapaz de dar.
Inhala por uno, dos, tres, cuatro,
Y exhala por uno, dos, tres y cuatro.
Cada flor, tercero, sentie su compasión – aprender a dar para que pueda recibir.
Aprenda a dar para que pueda recibir.
Inhala por uno, dos, tres, cuatro, y regala tu amor.

Exhala uno, dos, tres y cuatro, y observa las flores en tu jarrón.

Mientras respiras, das y aprendes a amar.

Ningún corazón cerrado puede recibir emoción.

Inhala por uno, dos, tres, cuatro,

Y exhala por uno, dos, tres y cuatro.

Hazte una promesa a ti mismo, como cada respiración que regresa –

El amor dado es el amor devuelto. El amor dado es el amor devuelto. El amor dado es el amor devuelto.

Inhala por uno, dos, tres, cuatro,

Y exhala por uno, dos, tres y cuatro.

Eres un recipiente y un viajero, un ser y un espíritu.

Pero el amor es tanto físico como espiritual.

Uno trae al otro, y el otro trae uno.

El amor espiritual sube el amor físico, y los panes de amor físicos amor espiritual.

Eres un patrón, un círculo, un ciclo.

Tu amor viene de tu corazón – dentro – y regresa, para curarte, también dentro.

Inhala por uno, dos, tres, cuatro,

Y exhala por uno, dos, tres y cuatro.

Cuerpo y espíritu, mente y materia. El amor es ambas cosas.

Date permiso para regalar tu amor –

Sólo una vez que lo hayas hecho te encantará volver a tu camino.

A medida que comienza salicomiendo lentamente, inhalar por uno, dos, tres,

Y exhala por uno, dos y tres.

Deje que las palmas de las manos se cierren lentamente.

Cuerpo y espíritu, mente y materia. El amor es ambas cosas. Y tú eres amor.

Meditación "Receso" de autocompasión

Perdon Guiada para la Autosanación

A medida que se instala en su práctica, encontrar una posición cómoda.

Date permiso para ir más despacio.

El perdón no es fácil en nuestros propios corazones –

Extiende la misma cortesía que haces a los demás.

Somos amables con nuestro entorno y con nuestras familias.

Amamos a los demás, a los animales y al planeta, pero no nos amamos a nosotros mismos.

Deja que tus ojos caigan como quieran; mantener las palmas abiertas, sin importar su postura.

Invita al universo a tu corazón. Deje su espacio personal abierto para la positividad.

Lentamente, inhala por tu nariz, por uno, dos, tres, cuatro.

Exhala, lentamente, a través de tu boca, uno, dos, tres y cuatro.

Enfoca tu atención plena mientras respiras, para uno, dos, tres, cuatro,

Encuentra la compasión que inspira tu atención plena –

La compasión por ti mismo curará viejas heridas.

Un ser centrado no puede estar en desacuerdo dentro de sí mismo.

Una vida consciente debe ser consciente de sí misma.

Inhala lentamente, para uno, dos, tres, cuatro,

Y exhala, uno, dos, tres y cuatro.

Si vienes a tu práctica con culpa hoy, encuéntrala y mantenla en tu mente.

Si vienes a tu práctica con ira hoy, encuéntrala y mantenla en tu mente.

Si vienes a tu práctica con inseguridad hoy, encuéntrala y mantenla en tu mente.

Nosotros, como el mundo, tenemos muchos lados, muchas caras y muchas pieles.

No estás definido por uno solo – todos son muchos, pero en el amor, somos uno.

Inhala por la nariz por uno, dos, tres, cuatro,

Y suéltense a través de su boca, uno, dos, tres y cuatro.

Un cuerpo dividido no puede encontrar su centro.

Debes uniarte con el amor.

Comienza extendiéndote la compasión.

Entonces, extiende la protección.

Eres seguro para perdonar – y no eres tus errores.

Inhala profundamente a través de tu nariz, uno, dos, tres, cuatro,

Concéntrate en el dolor que tienes en tu mente.

Exhalar para uno, dos, tres y cuatro -

La crueldad hacia nosotros mismos duele el doble que los demás.

No eres tu mayor crítico; no dañen lo que te mantiene vivo.

Incluso cuando te equivocas, tu mente, cuerpo y espíritu son preciosos.

El crecimiento es aprendizaje, el crecimiento es recuperación;

Y el perdón alimenta ese crecimiento.

No dejes que la culpa haga que tu espíritu sea pesado.

No dejes que la ira haga que tu espíritu sea rencoroso.

No deje que la seguridad disminuya su luz.

Eres poderoso y capaz de cambiar.

Respira por la nariz por uno, dos, tres, cuatro,

Y por tu boca, esta vez no lentamente. Rápido, duro, todo en una ráfaga.

Agresivo, como el viento – una purificación.

HUUUUUUUHHHHHH.

Culpa, ira, inseguridad, dolor –

Soplarlos, con cada exhala.

Duro y rápido, deja que tu boca haga un sonido.

Concedete permiso para expulsar energía negativa.

Concedete permiso para hacer ruido –

Empuja y empuja hasta que tu dolor se haya ido.

Pronto sólo quedará la paz.

Inhalar por uno, dos, tres y cuatro –

Y sopla restar, con fuerza, todo en un solo aliento.

Déjalo todo.

Empuja todo.

Tus errores no sirven de nada atrapados dentro de donde pueden hacerte daño.

Inhalar para uno, dos, tres y cuatro –

Y sopla – FUERA. Tu dolor es el pasado.

Inhala, para uno, dos, tres y cuatro –

Y sopla – FUERA. Tu dolor es el pasado.

Inhalar para uno, dos, tres y cuatro –

Y sopla – FUERA. Tu dolor es el pasado.

Perdónate a ti mismo.

Inhala tu dolor, respira tu dolor.

Expulsa la compasión – sé amable con tu corazón.

Inhalar para uno, dos, tres y cuatro –

Y sé amable con tu exhalación: uno, dos, tres, cuatro.

Ahora estás perdonado. Tu mente está clara, tu cuerpo está purgado.

Tu sangre corre compasión.

Hay amor por ti mismo aquí, y en el amor por ti mismo, hay curación.

Suelta tu culpa. Suelta tu ira. Suelta tus inseguridades.

Estás perdonado. Eres consciente y compasivo.

Eres un ser centrado.

Inhala tu arduo trabajo por uno, dos, tres, cuatro,

Y exhala tu paz: uno, dos, tres, cuatro.

Inhala tu pasado – uno, dos, tres, cuatro,

Y exhala tu paz: uno, dos, tres, cuatro.

Inhala tu dolor – uno, dos, tres, cuatro,

Y exhala amor propio: uno, dos, tres, cuatro.

Deja que el perdón devuelva tu alma al centro.

Avance y disfrute con cuidado.

Meditación de compasión universal

Meditación Vipassana

Una de las formas más antiguas de meditación budista que implica sólo el reconocimiento del sentido, la meditación Vipassana es el bloque de construcción para el control emocional moderno. La meditación de Vipassana busca relajar tu mente y enfocarte sólo en el ascenso y la caída de tus procesos naturales del cuerpo (es decir, tu respiración natural). Sin embargo, cuando practicas Vipassana, quieres tomar nota especial de las sensaciones que experimentas mientras practicas. Para este estilo de meditación para la autosanación guiada, querrás sensarte en un lugar tranquilo, ya sea en la naturaleza o cerca de la naturaleza, en una posición lo suficientemente cómoda como para que no tengas que moverte por mucho tiempo.

Ven a tu aliento natural con respeto y admiración.

Respirar es parte de su fuerza vital – no fuerce lo que es natural.

Permítete reclinarse, sentirse cómodo, seguro y firme.

Con las palmas abiertas al cielo y al universo, cierra los ojos.

Respira por cuatro: uno, dos, tres, cuatro,

Y por cuatro: uno, dos, tres, cuatro.

Despeja tu mente. Si quieres purgar tus pensamientos, ralentiza tu mente.

Es hora de la tranquilidad.

Ahora es el momento sólo de tus sentidos.

Estás en comunión con tu existencia: naturaleza, tierra, cuerpo, aliento.

Uno.

Mientras respiras, piensa sólo en eso.

Respiración.

Estás respirando.

No permitas que tus pensamientos entren en este espacio. Tu mente debe ser clara, limpia y pura.

Sólo respira.

Sólo respiras.

Si tu mente empieza a preguntarse,

Sólo estás pensando.

Si te concentras en tu ser físico,

Sólo estás sintiendo.

Eres un cuerpo lleno de sensaciones –

Pero también eres un cuerpo abrumado por él.

Inhala por uno, dos, tres, cuatro,

Y exhala por uno, dos, tres y cuatro.

No permitas que tu complicada existencia se entromezcan en tu silencio.

Aquí, estás solo con sólo tus sentimientos.

Son todo lo que importa.

Respiración. Sólo respiras.

Inhala por uno, dos, tres, cuatro,

Y exhala por uno, dos, tres y cuatro.

Es posible que pase un sonido, pero no puedes ayudar a la audición.

Reconozca la acción – Estoy escuchando.

Pero no permita que que se quede más allá de su bienvenida.

No estás oyendo u oliendo, no estás pensando.

Un aroma puede pasar, pero no te detengas mientras hueles.

No estás oliendo -

Sólo respiras.

Tenga en cuenta y, a continuación, borre.

Respiración.

Respiración.

Sólo respiras.

Inhala por uno, dos, tres, cuatro,

Y exhala por uno, dos, tres y cuatro.

Tus pensamientos no pertenecen aquí –

Tus sentimientos no pertenecen aquí –

Tus olores no pertenecen aquí –

Sus sonidos no pertenecen aquí –

Aquí sólo hay paz.

Aquí está el resto.

Aquí está tranquilo.

Toma, respira.

En – uno, dos, tres, cuatro.

Fuera – uno, dos, tres, cuatro.

La forma más simple de enfocarse, aquí, sólo en tu aliento, sólo en tu vida.

No necesitas nada más que aire.

No necesitas más que aliento.

Silencio de su mente – Usted sólo está respirando.

Meditación de ansiedad

Muchas personas que luchan con ansiedad o depresión tienen guiones y rutinas individualizados que les ayudan a controlar sus síntomas. Sin embargo, hay algunos conceptos generales y técnicas meditativas que pueden ayudar a casi cualquier persona a meditar por su ansiedad. Si bien estos guiones pueden no ser infalibles para cada forma de ansiedad o trastorno de ansiedad, cualquier tipo de meditación o atención plena está científicamente probada para ayudar a manejarlos. Empecemos.

Guión general de autocuración para el alivio de la ansiedad sobre el terreno

Encuentra un espacio cómodo donde te sientas más seguro.

Centra tu cerebro consciente en tu aliento.

Deja que tus pulmones se llenen de aire: uno, dos, tres, cuatro.

El aire trae tu vida corporal, y tu aliento te mantiene a salvo.

Aquí y ahora, eres real. Concéntrese sólo en lo que es real.

El presente es ahora – y es seguro para usted aquí.

Exhala por uno, dos, tres y cuatro.

Mira a tu alrededor. ¿Qué ves?

Nombra cuatro cosas que puedes encontrar.

Inhala y cuenta – uno, dos, tres, cuatro.

Cada elemento, un respiro. Siente que tus sentimientos se desescalan.

Exhala por uno, dos, tres y cuatro.

Escucha tu entorno. ¿Qué oyes?

Nombra cuatro sonidos que escuches en tus oídos,

Insértalos por uno, dos, tres y cuatro.

Y fuera, para uno, dos, tres, y cuatro.

Tu entorno te ayuda a castigar tu espíritu. Sosténgase a la Tierra.

Estás presente. Donde quiera que estés donde puedas estar. Sólo puedes controlarte a ti mismo.

Tome el control de su aliento – inhalar para uno, dos, tres, cuatro, y mantener –

Dos, tres, cuatro - exhala, y siente tu influencia sobre tu aliento.

Tú tienes el control. No es tu ansiedad.

Tú tienes el control. No es tu ansiedad. Estás castigado y gobernado por tu atención plena.

Recuérdate a ti mismo.

Inhala por uno, dos, tres, cuatro y disfruta de tu habilidad para descansar, aquí, donde tienes poder.

No importa lo que pase a tu alrededor,

Estrés, tensión, miedo, dolor: tú, tu mente y tu aliento están a salvo.

Estas son tuyas. Encuentra comodidad en tu cuerpo.

Encuentra comodidad en tu centro.

Respira por uno, dos, tres y cuatro –

Y fuera - uno, dos, tres, y cuatro.

Expulsa tu miedo. Tienes el control.
Tu centro, tu jardine.
Tu aliento da vida.
Todo lo que necesitas es a ti.

Meditación guiada de ansiedad para cerebros activos

A medida que llegue a su práctica diaria, mantenga un ritmo lento y constante –

Estás aquí para calmarte, aquí para descansar, y aquí para ir más despacio.

Encuentra una posición tranquila con las palmas suavemente abiertas.

Inhala por cuatro: uno, dos, tres, cuatro,
Y por cuatro: uno, dos, tres, cuatro.

Concéntrese en su pecho, el aumento y la caída de su aliento natural.

Tu mente y tu ansiedad te alejan del centro, más lejos de la estabilidad.

Pero usted es fuerte – se puede tirar de ellos hacia atrás.

Inhala por uno, dos, tres, cuatro,

Y exhala por uno, dos, tres y cuatro.

Concéntrate en tu cerebro ahora, tus pensamientos, tus palabras y tu flujo constante de sonidos.

Estás pensando, pensando, pero sólo buscas silencio.

Vuelve a tu aliento.

Inhala por uno, dos, tres, cuatro,

Y exhala, para uno, dos, tres, cuatro.

Mientras respiras, centra tus pensamientos en un solo canto.

Una palabra, fuerte, poderosa.

Consciente.

Claro.

Respiración.

Respiración.

Respiración.

Inhala por uno, dos, tres, cuatro,

Y exhala por uno, dos, tres y cuatro.

Permita que su cuerpo cante, consistente, enfocado – consciente.

Respiración.

Estás respirando.

Siente tu cuerpo deleitarse con la respiración y el silencio.

Si tu mente comienza a desviarse, tráela de vuelta al centro.

Respiración. Canto. Estás respirando. Pensar viene más tarde.

Por ahora, sólo respirando.

Inhala por uno, dos, tres, cuatro,

Y exhala por uno, dos, tres y cuatro.

Deja que el aumento y la caída del pecho relajen los músculos.

Tu mente puede descansar – está bien descansar.

Pensar se vuelve preocupante,

La respiración es vivir.

Inhala por uno, dos, tres, cuatro,

Y exhala por uno, dos, tres y cuatro.

Tu mente no está en control mientras tu aliento gobierna tu enfoque.

Tu mente no está en control. Tu aliento gobierna tu enfoque.

Respiración.

Respiración.

La actividad tiene un lugar, pero sólo con su permiso. Tu mente está bajo tu dominio.

Tienes control absoluto.

Estás respirando.

No hay lugar para pensar.

Respiración.

Respiración.

Inhala por uno, dos, tres, cuatro,

Y exhala por uno, dos, tres y cuatro.

Inhala por uno, dos, tres, cuatro,

Y exhala por uno, dos, tres y cuatro.

Respiración.

Estás respirando.

No hay lugar para pensamientos ansiosos en un soplo de aire.

Deja tu mente en calma. Cada exhalación, tu mente se calla.

Inhala por uno, dos, tres, cuatro,

Y exhala, silencio – uno, dos, tres, cuatro.

Inhala – uno, dos, tres, cuatro,

Y exhala, silencio – uno, dos, tres, cuatro.

Sólo respirando.

Sólo respirando.

Inhala – uno, dos, tres, cuatro,
Y exhala, silencio – uno, dos, tres, cuatro.
Ven a descansar en silencio.
Deja que tu paz se calme.
Estás tranquilo. Estás respirando.
Tu mente está en silencio.
Tu aliento es fuerte.
Inhala –uno, dos, tres, cuatro,
Y exhala uno, dos, tres y cuatro.
Estás tranquilo. Tu mente descansa.

Finalmente, si encuentra este libro útil de alguna manera, ¡siempre se agradece una crítica honesta!

www.ingramcontent.com/pod-product-compliance
Lightning Source LLC
Chambersburg PA
CBHW030909080526
44589CB00010B/223